말의 시나리오

어떤 말은 삶의 숨겨진 이야기를 들려준다

# 말의 시나리오

김윤나 지음

카시오페아
Cassiopeia

※ 이 책에 등장하는 에피소드들은 개인정보 보호를 위해 각색했으며, 실제 인물의 이름도 가명을 쓰고 관련 정보를 변경했다.

※ 이 책에 언급되는 '시나리오'는 제프리 영 박사의 심리도식치료 이론에 기반하여 '도식'을 재구성한 개념으로, 경험적 이해를 돕기 위해 이외의 어려운 개념과 용어 등도 재구성했다. 또한 심리도식치료에서는 '복종·희생·인정의 도식'을 하나로 엮어 '타인중심성 영역'으로 구조화했으나, 이 책에서는 코칭에서 자주 결합되어 나타나는 '결함의 도식'을 추가했다.

# 당신의 말에는
# 당신 삶의 시나리오가 보인다

**말과 삶 사이에 숨겨진 진짜 이야기** ──────

몇 해 전 일이다. 나는 택시를 타고 가는 길이었다. 잠실대교를 막 건넜을 즈음, 택시 기사가 "어─어─어─!" 하는가 싶더니 택시가 반 바퀴를 미끄러지며 돌았다. 갑자기 끼어든 다른 차를 피하려다가 일어난 일이었다. 그 충격으로 뒷자리에 앉아 있던 내 몸이 고꾸라져 나는 차창에 머리를 쾅쾅 들이받았다.

잠깐의 침묵이 이어졌다. "손님, 괜찮으세요?"라고 묻는 말이 어울리는 상황이었지만, 택시 기사는 한마디가 없었다. 혼잣말로 묵직한 욕을 하는 듯했다. 이미 멀어져 가는 차한테 고래고래 소리를 지르는 것보다 이상하게 느껴졌다. 택시 기사가 핸들을 바짝 돌리는 모습이 보였다.

그러자 내 심장이 빠르게 뛰었다. 나는 적막을 깨고 말했다.

"기사님, 괜찮으세요? 저는 괜찮아요."

물론 나는 괜찮지 않았다. 많이 놀랐고 당황스러웠으며 화가 났다. 도로를 어지럽혀 사고가 날 뻔하게 만들고서는 꽁무니를 빼버린 어떤 무책임한 사람과 손님 걱정은 하지도 않는 무뚝뚝한 기사 둘 다에게 말이다. 그리고 두려웠다. 순간적으로 '나를 해치는 것은 아니겠지?' 하는 생각이 스쳤으니까.

그런데 나는 왜 먼저 '당신은 괜찮으냐고' 물었을까? 그것도 모자라 왜 '나는 괜찮다고' 덧붙이기까지 했을까?

가만히 돌아보면 내가 운영하는 유튜브 채널 〈김윤나TV〉에는 이런 댓글이 달린 적도 있다.

"책도 강의도 잘 보고 있습니다. 그런데 한 가지 이상한 점이 있어요. 작가님은 영상에서 자꾸 웃어요. 웃을 필요가 없는 장면에서도 왜 자꾸 웃는지 모르겠어요."

그렇다. 나는 적절하지 못한 상황에서 괜찮지 않은데도 "괜찮아요"라고 말했고, 어색한 상황에 처하면 반사적으로 웃었다. '괜찮다'는 말은 어쩌다 튀어나온 말이 아니다. 그 말은 아주 오랫동안 내 안에 살았다. 그 말은 어릴 적부터 다른 사람들의 눈치를 살피며 기분 나쁘게 하지 않으려 노력하고, 난감한 상황을 좋게 만들기 위해 분주해야 했던 나의 삶을 드러내는 문장이다.

내가 어릴 때 부모님은 이혼을 했고, 이후에 아빠는 여러 새엄마를 데려왔다. 알코올중독인 아빠는 생활력이 없었고, 나는 가난 속에서 친척 집이나 지하실 셋방을 전전했다.

그런 환경은 나 자신을 의심하도록 적지 않은 영향을 미쳤다. '나는 괜찮은 사람일까?'라고. 그리고 주변 사람들에게 눈을 자주 돌리게 만들었다. '저 사람은 나를 좋아할까?'라며. 그러는 사이에 나는 어느새 적절하지 않은 상황에서 괜찮다고 말하면서 정말로 내가 괜찮은지 살피기도 전에 괜찮은 얼굴을 하게 됐다.

이처럼 어떤 말은 삶의 숨겨진 이야기를 들려준다. 자신에게 의미 있고 강렬했던 경험들이 그 말 한마디에 응축되어 드러나기도 한다. 그래서 누군가의 말을 대할 때 나는 그 말이 알려주는 낱개의 축어적 정보가 아니라, 그것들이 모여서 함께 들려주는 이야기에 더 호기심을 갖는다.

말을 통해 상대를 이해하는 방식은 마치 점묘화를 바라보는 것과 같다. 점묘화는 알 듯 말 듯 한 점들이 모여서 하나의 그림으로 완성된다. 점묘화를 감상할 때 너무 가까이에서 하나의 점만 응시하면 그림이 보이지 않는다. 적당한 거리를 두고 넓은 시야를 유지할 때 점들은 이미지나 윤곽으로 드러난다. 수많은 점이 무엇을 보여주려 했는지 비로소 알게 된다.

말도 그렇다. 당신의 말이 하나의 점이라고 생각해보자. 점의 형태로 있을 때는 사전적 의미의 차원으로 존재할 뿐이다. 그러나 그것들이 무수하게 반복되면 고유의 독특한 패턴을 드러낸다. 특히 나 자신과, 그리고 타인과 맺는 관계에서 반복되는 이야기가 있음을 보여준다. 점이 모여서 그림이 되듯이 말을 의미 있는 군집으로 엮다 보면 하나의 이야기가 되고, 그 말들과 당신이 살아온 삶 사이에 어떤 연관이 있는지 이해할 수 있다.

그런 이유로 나는 말을 대할 때 그 말을 하는 사람이 지닌 마음의 상태와 특성을 헤아리자는 관점으로 접근한다. 특히 한 사람에게 반복되는 말의 경향성에 주목한다. 그것은 그 사람을 예측할 수 있는 중요한 변수일뿐더러, 삶에서 왜 자꾸 비슷한 결과가 반복되는지 이해하여 그 같은 상황을 변화시키는 열쇠가 되어주기 때문이다.

나는 개개인의 말에서 드러나는 삶의 패턴에 '말의 시나리오'라는 이름을 붙였다. 시나리오란 영화 이야기를 담은 각본, 대본을 뜻한다. 인생을 영화에 비유하면, 우리는 저마다의 시나리오를 가지고 살아가는 것이다. 즉 말의 시나리오란 '말이 되풀이해 들려주는 반복되는 삶의 이야기'인 셈이다.

우리 말은 이미 우리에게 굳어진 말의 시나리오에 많은 영향을 받는다. 이때의 말은 대화를 위해 발화되는 말만 의미하지는 않는다. 대화할 때 당신이 머릿속으로는 어떤 생각을 하면서 혼잣말을 하는지, 무슨 표정을 짓는지, 어떤 태도를 보이는지를 모두 포함한다. 시나리오는 말로 드러나고, 말은 시나리오를 지속시킨다.

그러나 사람들은 말과 시나리오의 관계를 인식하지 못하는 듯하다. '나는 왜 자꾸 이렇게 말하게 되지?'라고 의문을 품으면서도 오래전에 만들어진 말의 시나리오가 지금 이 순간에도 자기 말을 통제하고 있다는 걸 깨닫지 못하는 것이다. 그래서 익숙한 패턴을 따라 지금까지와 비슷한 역할을 맡아서 비슷한 관계를 맺으며 자신이 원하지 않는 하루를 살아간다.

그렇다면 당신의 말에는 어떤 패턴이 있을까?

그것은 당신이 어떤 시나리오를 가진 사람이라는 걸 뜻할까?


**타인지향 시나리오에 갇힌 사람들** ─────

모든 영화 시나리오가 해피엔드가 아니듯 우리가 가진 시나리오도 어떤 것들은 끊임없이 자존감을 갉아먹고, 관계를 망친다. 상대의 말과 표정과 몸짓을 해석하고 그 상황에 맞게 반응해야 하는 일련의 커뮤니케이션 과정에서 어떤 시나리오는 건강하고 성숙한 반응을 하지 못하도록 방해하는 것이다.

말마음연구소에서는 남의 눈치를 보느라 지쳐버린 사람들을 자주 만난다. 자꾸만 대화할 때 지나치게 주변을 두리번거리면서 상대가 나를 어떻게 평가할지 의식하는 사람들, 상대가 기대하는 대로 행동하지 않으면 실망하지 않을까 염려하는 사람들, 어떤 모습을 보여줘야 상대가 나를 받아들여줄까 불안해하는 사람들 말이다.

그런 사람들이 가지고 있는 시나리오를 이 책에서는 '타인지향 시나리오Other-Directed Scenario'라고 부른다. 자기 삶의 이야기를 써 가면서도 그 기준이 다른 사람을 향해 있다는 뜻이다. 타인에게 맞추느라 자신의 내적인 신호와 기준을 무시하는 삶을 반복한다.

타인지향 시나리오를 가진 사람들의 삶에서는 주변 사람들이 훨씬 더 비중이 높고 영향력이 큰 배역을 맡는다. 타인지향의 사람들은 자신의 감정, 욕구, 선호를 잘 모르기 때문에 남의 감정, 욕구, 선호를 더 중요하게 고려하느라 엄청난 감정 에너지를 소모한다. 타인의 장단에 순응하여 반응할 뿐 거절하지도 요구하지도 못하는 자신을 인식하면서 '나는 없다'는 불쾌감과 자책감으로 스스로를 비난하기도 한다.

그런 사람들이 대화할 때는 어떤 모습을 보일까? 편안하지 않다는 괴로움을 호소하면서 대화의 주도권을 좀처럼 가지지 못하는 데 힘들어한다. 자주 긴장하고 경직된다. 자신을 있는 그대로 드러내면 안 된다는 믿음이 강하기 때문에 말이 위축되거나 과장되기도 한다.

나 역시 그러했다. 자연스러운 모습보다는 늘 가공된 모습을 보여주고 싶어 했다. 어려운 관계는 피해 다녔으며, 괜한 갈등을 만들고 싶지 않아 내면의 목소리를 무시했다. 말 한마디를 할 때도 필요 이상으로 조심스럽게 공을 들였다.

그것은 매우 피곤한 일이다. 머릿속에 너무 많은 CCTV가 켜져 있는 것과 같다. 자신을 지속적으로 검열하는 삶이다. 당연한 결과로, 자기감과 자존감에 손상을 입을 수밖에 없다. '나답다'라는 감각에서 점점 멀어지고, 타인과의 관계에서 균형을 잃게 된다.

심리도식치료(통합적 치료 모델로, 내담자가 자신의 심리 도식을 인식하고 바꿈으로써 심리적·성격적 문제를 해결하도록 돕는 심리치료법)를 개발한 제프리 영Jeffrey Young 박사는 삶을 힘들게 만드는 믿음을 일컬어 '삶의 덫'이라고 불렀다. 그는 삶의 덫에는 세 가지 특성이 있다고 설명한다.

첫째는 평생 반복되는 패턴이라는 것이고, 둘째는 자기파괴적이라는 것이다. 삶의 덫은 자기감, 관계, 행복에 부정적인 영향을 미친다. 셋째, 삶의 덫은 고통스럽지만 유지된다. 익숙한 것이 편하기 때문에 자신에게 해롭더라도 거기에 매달리게 된다.

타인지향 시나리오도 삶의 덫과 마찬가지다. 반복되고, 자기파괴적이며, 유지된다.

나는 코칭을 통해 사람들이 자기 삶의 시나리오를 이해하도록 돕는 일을 한다. 자신이 어떤 이야기를 되풀이하며 살아가고 있는지를 그 이야기 밖에서 바라보도록 안내한다. 그리고 새로운 이야기를 써나가는 방법을 제안한다. 지금까지 타인을 중심에 두고 삶을 그려왔다면 나를 기준으로 내 이야기를 다시 만들어가는 과정을 함께한다. 이 책에서도 나는 같은 역할을 할 것이다.

그렇다면 타인지향 시나리오를 가진 사람들이 삶과 관계에서 균형을 되찾으려면 어떻게 해야 할까?

대화할 때 편안해지고 유연해지려면 무엇이 필요할까?

**누구와 말해도 자연스럽고 편안해지려면** ─────

내가 타인지향 시나리오에 갇혀 있다는 것을 깨달은 것은 분노와 억울함과 수치심으로 뒤엉켜 '이게 진짜로 네가 원하는 삶이야?'라고 스스로 묻게 됐을 때였다. 혼란스러웠다. 진짜 내 것이 무엇인지 헷갈릴 때, 끝을 모르고 내달리는 내가 처량스러울 때, 사람들이 나에게 기대하는 이미지에 맞추느라 안간힘을 쓸 때 나는 하나도 자연스럽지 않고 거북했다.

지금의 내 모습으로는 충분하지 않다는 부적절감에서 빠져나오기 위해서는 결국 내 안에 어떤 기준들이 마련돼야 한다는 것도 깨달았다. 타인이 아닌 나의 내적 신호들을 기반으로 크고 작은 선택을 해나갈 때 타인과의 관계에서도, 대화에서도 안정감을 되찾을 수 있다는 것을 말이다.

이전과 다른 새로운 이야기 '내부지향 시나리오Inner-Directed Scenario'를 배워갔다. 타인지향 시나리오의 상대적 개념으로 이해하면 쉽다. 내 밖이 아니라 안에서 들려주는 정보들, 예를 들어 나의 감정, 욕구, 선호, 의도, 가치 등을 삶의 중심에 두는 이야기를 뜻한다.

외부에서 들려오는 판단과 평가에 신경을 곤두세우기보다, 내면에 귀 기울이는 방법을 익히게 되면 이전과는 다른 방식으로 관계의 전개도를 그릴 수 있다. 타인이 아닌 나를 중심에 세우고 의미 있는 관계들을 확장해나갈 수 있다.

그 덕분에 이제 나는 괜찮다고 반사적으로 말하기 전에 '나는 정말 괜찮은가?' 하고 제법 살필 줄 안다. 타인이 실망감을 드러내도 내 몫이 아닌 것에는 곧잘 등을 돌린다. 인스타그램에 올리기 좋은 시간보다는 나를 건강하게 돌보는 시간을 더 많이 보낸다.

코칭에서 만난 사람들과도 이 과정을 함께했다. 다른 사람들과 대화할 때 어떤 말의 패턴이 불편하게 계속 전개된다는 것을 인식하고, 그 같은 패턴이 왜 되풀이되는지를 '말의 시나리오' 관점에서 이해하는 것으로 시작했다. 그리고 나서 내부지향 시나리오로 바꾸기 위한 내적 기준점을 다시 세웠다. 이렇게 자신과의 관계가 다르게 설정되면 결과적으로 말의 변화가 일어날 수밖에 없다.

이 책을 계속 읽어간다면 당신도 이 같은 단계들을 통과하게 될 것이다. 관계에서 불안, 두려움, 죄책감, 수치심 같은 감정들을 느끼기를 반복하는 대신에 그런 감정들을 느끼게 만드는 시나리오를 이해하게 된다. 당신이 습관적으로 하는 말들과 지금까지 비슷한 모습으로 살아온 삶의 관계를 이전보다 깊이 있게 바라볼 수 있다.

내부지향을 위한 구체적 방법을 알게 되면서 당신의 내적 감각을 조금씩 되찾게 될 것이다. 당신 안에서 기준과 근거가 명확해질수록 다른 사람들의 눈치에 급급해하는 대신, 자신만의 속도와 보폭에 맞는 관계를 맺어갈 수 있다. 물론 당신의 말도 이전보다 담백하고 진솔해질 것이다.

그러므로 이 책은 '말이 들려주는 나의 마음'에 관한 이야기다. '어떻게 기술적으로 잘 말할 것인가'보다는 '내 안에 무엇을 채워서 다르게 말할 것인가'에 집중한다. 전작 『말 그릇』과 『리더의 말 그릇』에서도 강조했듯이, 자기 마음을 이해하고 내면의 균형감을 되찾으면 말 역시 누구의 눈치도 보지 않고 편안해질 수 있다.

앞으로 모두 네 장을 거치게 될 텐데 각 장에서 내가 할 이야기를 간단하게 정리하면 이렇다.

먼저 1장에서는 우리가 자주 내뱉는 말들을 '말의 시나리오' 관점에서 살펴볼 것이다. 도무지 입 밖으로 나오지 않는 말들, 자꾸 반복하는 말들, 과하게 나오는 말들의 혼잡한 틈에서 당신의 시나리오를 추리해보면 흥미로울 것이다.

2장에서는 '나'를 잃어버린 사람들을 만난다. 왜 나 자신보다 다른 사람들의 생각이나 평가가 더 중요해졌을까? 네 가지 타인지향 시나리오를 통해 그렇게 될 수밖에 없었던 이유를 살펴보면서 그 같은 시나리오가 대화에서는 구체적으로 어떻게 드러나는지 짚어볼 것이다.

타인지향 시나리오는 '복종 시나리오, 희생 시나리오, 인정 시나리오, 결함 시나리오'로 나눌 수 있는데, 이 네 유형의 시나리오는 한 사람에게 다양하고 복잡한 형태로 중첩되기도 한다. 그럼에도 당신에게 더 가깝게 와닿는 시나리오가 있을 것이다. 그 이야기를 한번 따라가보자.

3장에서는 내부지향 시나리오를 써가는 방법을 소개한다. '자기감'을 회복하려면 '감정, 경계, 시간, 시야'라는 네 가지 차원에서 어떤 노력이 필요한지 살펴볼 것이다. 자신을 있는 그대로 받아들이며 내 이야기의 주인공이 되어가는 과정에서 말과 관계가 어떻게 바뀌는지 확인할 수 있다.

4장에서는 말을 멈추면 일어나는 일에 대해 마지막으로 얘기한다. 말의 패턴과 삶의 방향을 바꾸기 위해 가장 먼저 해야 할 일은 지금까지의 말을 멈추는 것이다. 습관대로 반응하던 말을 멈추고 자기 내면에서 어떤 일이 일어나는지 알아차릴 수 있을 때 새로운 이야기를 쓸 수 있는 기회를 얻는다.

당신이 현재 느끼는 관계의 불편감은 삶의 주도권을 되찾으라는 신호이다. 과거에 아주 소중한 무엇인가를 박탈당했고 그 덕분에 타인지향 시나리오에 갇혔으므로, 앞으로는 타인 중심의 시나리오대로 의심 없이 반복하던 것을 멈추고 내 중심의 시나리오로 바꾸라는 경고이다.

건강한 말은 안정된 자기감에서 나온다. 자기감sense of self은 바로 자신을 이해하는 감각이다. 내가 어떤 사람인지, 무엇을 좋아하고 싫어하는지, 어떤 사람과 관계를 맺고자 하는지 등 다양한 차원과 범위에서 나 자신을 아는 것이다.

말은 마음의 모양을 소리로 전달한다. 자기감이 단단한 사람의 말은 이리저리 흔들리지 않고, '나'를 닮은 모습으로 곧게 뻗어간다. 당신의 말이 자연스럽고 편안해졌으면 하는 마음에서 출발한 책이다. 그런데 어쩌면 마지막 책장을 덮을 즈음에는 "말 때문에

읽기 시작했는데 마음이 편안해졌다"라고 얘기하게 될지 모르겠
다. 실은 나의 최종 목적지는 바로 그곳이라 말해두고 싶다.

2022년 5월
김윤나

차
례

1장

나와 말의 불편한 관계

우선 1장에서는 말과 시나리오를 연결 지어 생각하는 연습을 한다. 그동안 무심히 지나친 나의 말들을 가까이서 관찰해본다는 생각으로 가볍게 읽어가면 된다. 다양한 사례를 통해 당신의 입 밖으로 나오지 않는 말들, 자꾸 반복하게 되는 말들, 과도한 반응으로 나오는 말들, 과거에서부터 이어진 말들이 무엇인지 돌아보자.

내가 사례로 드는 이야기들이 당신의 경우와 꼭 같지는 않겠지만 많은 점에서 닮아 있을 것이다. '나에게도 이런 말들이 있었구나' 하고 문득 깨닫게 될 것이다. 그 말들이 당신에게 무슨 이야기를 들려주려 하는지 귀를 쫑긋 세우고 들어보자.

# 입 밖으로 나오지 않는 말

**천 근처럼 무거워진 말** ————

오랜만에 성사된 선후배들 간의 모임이었다. 우리는 커피숍에 자리를 잡고 후배의 하소연에 귀 기울이고 있었다. 그 후배는 네 살 된 딸을 키우는데 출산과 육아로 한동안 일을 쉬다가 육 개월 전에 복직했다고 했다. 친정어머니가 후배의 집으로 와서 아이를 돌봐준다는 것도 알게 됐다.

흔하게 그렇듯 모녀간에 다른 육아 방식으로 갈등했다. 이를테면 텔레비전을 보여주면서 아이의 밥을 먹이거나, 훈육을 시작하고 싶은데 아이의 응석을 무조건 받아주는 등 여러 지점에서 옥신각신했다. 그러나 후배를 정말로 힘들게 한 것은 다른 데 있었다.

어머니가 수시로 딸인 후배를 타박했다. "도대체 주말에 뭐 하는 거니? 어릴 적부터 너는 게을렀어. 다른 집에 가봐라. 누가 이러고 살아?"라는 식의 묵은 소리를 멈추지 않았다. '너는 늘 부족하다'라고 삼십 년째 줄기차게 알리고 있는 일종의 알람 같은 것이었다.

지금도 달라진 게 없다. 어머니의 취향대로 후배의 살림들을 바꿔놓는다. 부부 사이의 일에도 필요 이상으로 참견한다. 남편을 불러서 괜한 소리를 하는 통에 난감한 적도 있고, "그러게 그때 엄마 말을 들었으면 이렇게 다 같이 고생 안 하지"라면서 하나 마나 한 말로 속을 뒤집어놓는다.

그때마다 후배는 소란을 만들고 싶지 않아서 이제 그만 좀 하시라는 말조차 꿀꺽 삼키고 돌아섰다. '우리 좋으라고 엄마가 그러는 거지'라고 생각하려 노력해도 화는 속으로 덧쌓이기만 했다. 전개가 여기까지 이르자 누군가 이렇게 말했다.

"그건 아니라고 얘기해야지. 계속 그렇게 참으면 속병 든다."

"언니…… 내가 그 말이…… 안 나와요."

바로 저 말, 즉 어떤 말이 안 나온다는 대답을 자주 듣는다. 제삼자가 보기에는 '그게 뭐라고, 도대체 왜 말을 못 하나?' 답답할지 모르지만, 당사자에게 어떤 말은 천 근처럼 무겁다. 무례하게 구는 동료에게 "조심해줘"라고 말하지 못하는 사람, 타인의 요청에 "그건 어렵겠다"라고 거절하지 못하는 사람, 실수해놓고 "내 잘못이야, 미안해"라고 사과하지 못하는 사람도 마찬가지다.

## "그만!"이라고 얘기하지 못하는 이유 ───────

하기 어려운 말 뒤에는 놀람, 두려움, 눈물의 기억들이 산다. 후배 역시 "엄마, 그만!"이라고 얘기하지 못하는 이유가 있었다. 어릴 적부터 어머니가 무서웠다. 어머니는 딸의 실수에 단호하고 차가웠다. 그냥 넘어가주는 법이 없었다. 걱정이라고 하기에는 어머니의 기분에 따라 비난이 앞선 말도 아무렇지 않게 쏟아냈다.

어머니의 기분을 거스르면 안 된다는 어릴 적 그 아이의 믿음이 현재 모녀의 관계에서도 진행 중이었다. 후배는 여전히 어머니와 말할 때마다 꾸중을 들을까 겁이 나고, 어머니의 허락이 있어야 마음이 편하다고 말한다. 이쯤 되면 좋은 엄마가 되기 위해 후배가 풀어야 할 숙제는 다른 데에 있어 보인다. 친정어머니의 딸이 아니라 내 아이의 엄마로서 다른 이야기를 만들어가고 싶다면 자기 마음에 적체된 말에 관해 우선 이해할 필요가 있다.

'하지 못하는 말들'은 심리적 영토를 확보하고 그 영토에 주도권을 세우는 일과 관련되어 있다. 선을 긋고, 물러서게 하고, 존중을 요구하는 말을 하는 것은 나를 보호하는 일이기도 하다. 마땅히 해야 할 말을 하지 못하고 돌아설 때 분노는 내면에 쌓인다. 자신을 보호하지 못했다는 좌절감과 자책감이 고스란히 남는다.

분노와 실망감은 두려움에 눌려서 금방 드러나지 않을 수 있다. 그러나 분명 언젠가는 목소리를 높인다. '너는 어째서 이런 말도 제대로 못 하니!' 하면서 분노의 도화선을 건드릴 것이다. 그동안 당신이 억눌러온 분노는 갑작스럽게 폭발할지 모른다. 그 분노는 유난히 피곤하고 예민해지는 날에 엉뚱한 곳에서 당신보다 약한 사람에게 터트릴 가능성이 높다.


**단단한 사람은 도와달라는 말을 참지 않는다** ─────

예전에 운영한 상담센터에서 직원으로 일했던 이십 대 후반의 희정 씨가 생각난다. 희정 씨는 늘 입을 앙다문 채 눈에 힘을 주고 다녔다. 면접을 볼 때도 그랬고, 입사 이후에도 당차고 씩씩한 모습이었다. 성실하고 열심이라는 인상을 주었고, 어떤 일에서든 '해보겠다'는 의지가 충만했다.

다들 희정 씨의 그런 태도를 호의적으로 바라봤다. 염려되는 점이 하나 있다면, 희정 씨에게 거리감이 느껴진다는 말이 동료들 사이에서 있었다는 것이다. 무슨 일이든 썩 잘 해내니까 많은 업무를 떠맡아 묵묵하게 일할 뿐, 인간적인 교류는 적어 보였다.

어느 날에는 출근해서 "좋은 아침!"이라고 인사하면서 지나가려는데 언뜻 봐도 희정 씨의 안색이 안 좋아 보였다. 아프냐고 물어도, 병원에 가보라고 해도 "괜찮아요"라고만 대꾸했다. 물론 괜찮아 보이지 않았다. 내 자리에 앉으니 "그 직원이 평소에도 통 속을 말하지 않아서 걱정입니다"라는 실장의 메시지가 도착했다. 희정 씨를 따로 불러서 물었다.

"아플 때 아프다고 얘기하지 못하면 나중에 결국 어떻게 되는지 알아요?"

"……."

"큰 병 돼요. 일 잘하고 책임감 강한 사람, 나도 좋아해요. 하지만 '나'를 돌보지 못하는 사람과는 오래 함께 일하기 어려워요. 결국 어디든 아프게 되니까."

희정 씨는 눈물을 글썽거리면서도 마음을 추스르기 위해 몸에 힘을 주었다. 그러면서도 기다렸다는 듯이 조심스럽게 자기 속내를 꺼내 보였다.

희정 씨의 부모님은 먼 지방에 살고 있는데 어릴 때부터 가정 형편이 어려웠다고 한다. 생계에 매달린 가족은 서로의 마음을 돌볼 여력이 없었다. 혼자 있는 시간이 많았고, 어울리는 친구도 별로 없었다. 학교에서는 따돌림을 당하기도 했다. 그럴 때 희정 씨가 의지할 수 있는 사람은 없었다. 처음부터 가족에게 도움을 요청하지 않은 것은 별 기대가 없었기 때문이다. 나중에 자신을 괴롭힌 일을 알게 되더라도 어머니는 "네가 강하지 못해서 그런 일을 당한 거다"라고 말했다면서 어깨를 들썩였다.

어릴 적부터 희정 씨는 부모님에게 "약하면 이용당한다"는 말을 듣고 자랐다. 그 말을 고스란히 물려받아 스스로 강해지는 것이 최선이라 믿었다. 사람들과 마음을 주고받는 것도, 도와달라고 말하는 것도 나약한 모습을 보이는 것만 같았다.

"희정 씨는 전사가 아닌데, 스스로를 그렇게 대하면 얼마나 힘들겠어요."

나는 희정 씨에게 이곳은 전쟁터가 아니라고 말해줬다. 강해지는 것도 좋지만, 자신을 아낄 줄 알아야 한다고 얘기했다. 그러기 위해서는 도움을 요청하는 말을 배우고, 사람에 대한 신뢰를 회복해가면 좋겠다는 참견도 보탰다.

내면이 강하고 단단한 사람은 도와달라는 말을 억지로 참지 않는다. '이 말이 상대에게 어떻게 들릴까?'에 대한 두려움이 없기 때문이다. 희정 씨처럼 '도와달라고 말하는 것은 내가 나약하다는 걸 드러내는 거야. 그럼 사람들이 나를 얕잡겠지? 뭐든지 해낼 수 있는 모습으로 내가 더욱 강하다는 것을 보여줘야 해!' 같은 시나리오를 써 내려가지 않는다.

우리 뇌는 효율적으로 일하고 싶어 한다. 그래서 많이 놀랐던 순간, 중요한 사건, 자주 반복한 경험 들을 편도체라는 비밀 창고에 저장한다. '사건-자서전적 기억EAM, Episodic-Autobiographical Memory'이라는 용어가 있다. 삶에서 특별했던 맥락이 감각, 감정과 함께 기억으로 저장되어 있다는 뜻인데, 바로 이것이 편도체에 입력되는 방식이다. 변연계 깊은 곳에 숨겨뒀다가 과거와 비슷한 상황에 처하면 바로 소환해 나를 지키는 데 사용한다.

문제는 이것이 필요 이상으로 자주 자극된다는 데 있다. 예를 들어 '사람들은 믿을 수 없다'는 맥락적 기억을 저장해둔 사람이 있다고 가정해보자. 다른 사람이 조건 없는 호의를 베풀 때 그는 어떻게 반응하게 될까?

그 사람은 "고맙습니다. 그렇게 말해줘서 기뻐요"라고 말하기가 어렵다. 이전 경험이 활성화되면서 '왜 저래? 누가 도와달래?' 하는 생각이 자동으로 떠오르고, 그 믿음과 연합되어 있던 부정적 감정이 일어난다. 결국 상대의 호의에 다가가는 사회적 행동을 하기 전에 도망치게 된다.

지금까지와는 다른 관계를 맺고 싶다면 '내가 하지 못하는 말'이 무엇인지 관찰하고 인식하는 일부터 시작해야 한다. 어떤 말을 하는 순간 누군가의 기분이 상할까, 그 때문에 미움을 사서 밀려나게 되는 것은 아닐까 걱정스럽고, 급기야 무시와 배신을 당하게 될지 모른다고 두려워진다면, 바로 거기에 지금까지 당신의 삶을 강력하게 장악해온 시나리오로 이어지는 문이 있을 것이다.

# 자꾸 반복하는 말

**당신이 어떤 사람인지 알려주는 말** ─────

지금은 연락하며 지내지 않지만 종종 안부가 궁금해지는 사람이 있다. 경호 씨가 그렇다. 경호 씨와는 어느 스터디 그룹에서 만났다. 외모가 세련되고, 말솜씨가 좋았다. 그래서인지 다들 서먹한 자리에서도 분위기를 띄우는 역할을 톡톡히 했다. 그런데 얼마 지나지 않아서 경호 씨는 요주의 인물이 되었다. 정확히 말하자면 그의 말이 연구 대상이었다.

"이번에 ○○님의 인터뷰 기사가 실렸네요. 다들 축하해주세요."

스터디 그룹원 중 한 사람의 인터뷰가 제법 유명한 잡지에 길게 실렸고, 기쁜 소식을 공유하며 축하의 말을 주고받던 상황이었다. 저마다 한마디씩 보태고 있는데 경호 씨가 그 흐름을 끊으며 말했다.

"아, 그 인터뷰! 저도 예전에 했는데."

그때 상황과 어울리지 않는 말이었다. '으…응? 지금 저 말을 왜 하는 거지?' 하게 된다. 이후에도 경호 씨는 혼자만의 경쟁이라도 하듯이 같은 방식으로 비슷한 말들을 반복하면서 자기 자랑을 이어갔다.

"제가 알기로는 그건 그렇게 어려운 일이 아닐걸요?"

"제가 누구를 좀 아는데요……."

"제가 저번에 그 프로젝트를 진행한 것은 아시죠?"

경호 씨는 "제가……!"를 말하느라 바빴다. 자기에 대한 상<sub>自己</sub>像, self-image이 너무 컸다. 사람들이 '나'에게 집중하기를, 어디서든 '나'가 우세하기를 원했다. 진짜 존재감이 있는 사람은 가장자리에 있어도 빛이 난다는 것을 잘 모르는 듯했다.

시간이 지나자 경호 씨에 관한 뒷말들이 돌았다. 거짓말을 잘해서 믿을 수가 없다는 것이었다. 그러지만 않아도 충분히 매력적인 사람이었는데, 경호 씨는 말을 할수록 자신을 깎아 먹는 유형이었다.

물론 그러는 사이에도 경호 씨의 말은 변하지 않았다. "경호 씨알지요?" 하면서 제보자들이 속속 등장했다. 자신이 얼마나 많은 것을 이뤘는지 말하느라 한결같이 바쁘다는 소식이었다. 남들이 말해주면 좋을 이야기를 참지 못하고 내 목소리를 높여서 떠드는 이유가 무엇일까? 경호 씨는 무엇을 확인하고 싶었던 것일까?


### 과거는 반복되는 말에서 드러난다 ─────

코칭을 할 때 '문장완성검사'라는 것을 한다. 짧은 주어를 제시한 후에 나머지 서술어는 스스로 완성하게 하는 방식이다. 예를 들면 "내가 가장 후회하는 점은 _____" 같은 문장이 나오면 나머지를 알아서 채우는 것이다.

이렇게 작성된 수십 개의 문장을 찬찬히 살펴보면 사람마다 반복되는 키워드와 맥락이 있다는 것을 알게 된다. 간단한 검사이지만 깊고 다양한 이야기가 담겨 있다.

어떤 사람은 '학벌'이라는 단어나 '내가 배우지 못해서'라는 표현을 반복한다. 그것이 그의 인생에 의미 있는 주제일 가능성이 높다. 또 어떤 사람은 '노력' 혹은 '노력하지 않았더라면' 하고 이어간다. 그는 노력을 통해 무엇을 얻었을까? 노력하지 않으면 어떤 일이 일어난다고 믿을까? 노력하지 않는 사람들을 보면 어떤 마음이 들까? 수많은 질문이 생긴다.

사람들이 이런 주제를 반복하게 되는 이유가 궁금하지 않을 수 없다.

"당신은 _____ 라는 말을 자주 사용해요. 알고 있나요?"

"그 말은 당신이 어떤 사람이라는 것을 알려줄까요?"

"그 문장과 당신의 삶 사이에는 어떤 관련이 있지요?"

위와 같은 질문을 하고 답을 기다린다. 흥미로운 점은 이런 물음들이 불씨가 되어 핵심을 환하게 드러낸다는 것이다. 한 사람의 성장 환경, 고통, 소망, 잊을 수 없는 경험, 잊히지 않는 순간에 관해 듣게 된다.

세월의 흔적이 얼굴에 남듯이 과거 경험은 반복되는 말에서 드러난다. 차마 떠나지 못하고 같은 자리만 맴도는 사람처럼 왜 비슷한 말을 쏟아내고 있는지 따라가면 지금의 당신을 남긴 당신 삶의 시나리오를 만날 수 있다.

### 그렇게 말하는 이유가 있다 ─────

특정한 말들은 상대를 자극하기도 한다. 노래를 듣다 보면 귀에 딱 꽂히는 구간을 '훅hook'이라 한다. 그런 것처럼 한 사람이 자주 하는 어떤 말은 상대의 귀에 딱 꽂혀서 심리적인 반응을 일으킨다. 그 말을 듣는 사람에게 '왜 저렇게 말하지?'라는 잔상을 남기는 것이다.

함께 일했던 동료인 주경 씨와도 비슷한 일이 있었다. 주경 씨는 대화할 때 상대의 말끝에 "아니, 그렇다기보다는……" 혹은 "아니, 그게 아니라……"를 덧붙이면서 자기 말문을 열었다.

예를 들면 이렇다. 내가 "혹시 작업하기 부담스러우면 말해줘요"라고 말하면 주경 씨는 "아니, 부담스럽기보다는 작업 내용이 생소해서 챙겨야 할 자료가 많으니까요"라는 식으로 답했다. 또 "너무 걱정하지 마세요"라고 말하면 "아니, 걱정스러운 게 아니라!" 하면서 자신이 걱정하는 점에 대해 말하는 식이었다.

그럴 때면 '응? 그게 부담스럽다는 것 아닌가?' 하는 생각이 들었다. 뒤 문장을 잘 들어보면 부담스럽다는 의미 같은데 왜 일단 부정하는 걸까? 주경 씨의 말을 의식하게 됐다. 한번 귀에 꽂히면 계속 비슷한 반응이 주의를 끄는 법이다.

어느 순간에는 별것 아닌 '아니'에서도 멈칫하게 됐다. '그냥 좀 편하게 받으면서 대화하지 왜……' 하면서 답답함을 느꼈다. 유독 나만 그렇게 느끼는 걸까?

주경 씨에게 내가 느낀 점을 얘기했다. 그렇게 말하는 습관을 알고 있느냐고 물으면서 그런 방식으로 대화하게 되는 이유를 궁금해했다. 주경 씨는 "내가 그랬나요?" 하면서 자신은 몰랐다는 반응을 보였다. 질문을 조금 더 이어갔다.

"그렇게 말하는 이유가 있을 것 같은데요?"

"글쎄요……."

"무엇을 확인하고 싶다거나 지키고 싶은 것일까요?"

"아…… 그렇게 물어보니까 저는 그런 대화에서 내 능력의 문제로 받아들이는 것 같아요. 어떤 일이 부담스럽지 않느냐는 말도 마치 그 일을 할 능력이 나에게 없는 것 아니냐고 묻는 것으로 해석하는 거죠. 그래서 일단 '아니'라고 말하고 싶은 거예요. 나는 충분히 해낼 수 있다고."

"아, 그 말이 능력의 검증으로 받아들여지는군요?"

"그런가 봐요. 걱정한다는 말도…… 그렇게 보이면 안 될 것만 같고."

"아, 그저 주경 씨가 힘들까 봐 염려되어 한 말인데 다르게 해석됐네요."

"아니, 그렇다기보다는……" 혹은 "아니, 그게 아니라……"는 차라리 안 하면 안 했지 일단 하면 완벽하게 잘해야 한다고 믿는 주경 씨의 마음을 드러낸 말들이었다. 주경 씨는 평소에도 '능력'이라는 주제에 예민했다. 성취 기준이 높아서 자신에게도 너그러운 편은 아니었고, 남도 쉽게 칭찬하지 않았다. 아마도 이것은 주경 씨의 더 깊은 시간으로 이어져 있을 것이다.

이후 우리 대화는 조금 달라졌다. 주경 씨는 스스로 예민한 지점을 알아차렸다. '내 능력을 의심하는 것이 아니라 내가 힘들까 봐 걱정하는 것이다'라고 상대의 긍정적·호의적 의도를 찾으려고 노력했다.

비슷한 대화가 시작돼도 이제 "아니요"라고 선을 긋지 않았다. "맞아요", "그런 면이 있죠"라는 식으로 말을 받았다. 주경 씨의 대화가 이전보다 편안해졌다는 것을 나도 느꼈다.

당신의 말 중에도 상대를 자극할 수 있는 훅의 말이 있는지 생각해보자. '왜 꼭 저렇게 말하지?' 싶게 만드는, 때론 누군가의 귀를 따갑게 하고 마음을 불편하게 만드는 말의 패턴이 있는지 말이다.

아, 물론 어쩌다 장착된 별 의미 없는 습관일 수 있다. 떼는 걸음마다 '내가 왜 이러지?' 할 필요는 없다. 그러나 두 발로 편하게 걸어도 될 것을 한 발로만 걷는다거나 자꾸 뛰려는 사람에게는 까닭이 있는 것이 아닐까?

당신이 그렇게 말하는 이유가 있을 것이다. 그렇게 말함으로써 무엇을 확인하고 싶거나 지키고 싶은지, 혹은 피해 가거나 보여주고 싶은지 생각해보면 좋겠다. 거기에도 당신이 오랫동안 버텨낸 불편한 이야기가 반복되고 있을지 모른다.

# 과하게 반응하는 말

**나는 최고랑만 일해요** ─────

삼십 대 중반의 가은 씨는 대화 훈련이 필요하다며 나를 찾아왔다. 코칭을 원하는 이유를 묻자 특별한 어려움을 겪고 있지는 않다는 대답이 돌아왔다. 단지 좋은 영향력을 미치는 사람이 되고 싶다고 했다. 그러면서 이렇게 강조했다.

"저는 최고랑만 일해요."

가은 씨의 말은 나를 인정해주려는 말이었다. 자기계발에 관심이 많은 가은 씨는 다양한 분야의 공부를 계속해왔다. 그때마다 각 분야의 최고를 찾아다녔고, 이번에도 최고를 찾아왔다는 말이었으니까. 그러나 어쩐지 이 말은 주의를 끈다. '최고를 선택하는 내가 최고다'라는 말처럼 들렸다.

대개 코칭을 받는 사람은 한 주 동안 대화하면서 어렵고 난감했던 장면을 기록해 온다. 달라지고 싶은 마음이 간절하기 때문이다. 자신의 힘듦과 부족함을 드러내고 더 좋은 대안을 함께 찾아서 배워가는 것이 코칭이다. 그러나 가은 씨는 매번 '특별한 문제는 없었다'라고 시작했다. 대신 그간의 활약들을 들려준다. 주로 "와, 대단하세요", "어쩜!" 하는 반응을 불러일으킬 만한 것들이었다.

나는 의도적으로 칭찬과 인정을 아꼈다. 부족한 보상이 문제가 될 수 있지만, 넘치는 보상도 변화를 저해할 수 있기 때문이다. 과잉은 그 이면의 결핍을 떠올리게 한다. 가은 씨가 사람들의 인정을 유난히 필요로 하는 모습을 보면서 남은 이야기들이 더 궁금해졌다.

**어떻게 나한테 이럴 수 있죠!** ───

주목하게 되는 지점은 또 있었다. 가은 씨는 코칭 예약을 수시로 바꾸었다. 통상적인 근무 시간 이전, 그러니까 이른 아침부터 직원에게 연락해서 답변이 늦으면 탓을 했다. 또한 이미 불가능하다고 공지한 시간에 코칭을 받으면 좋겠다면서 예외적인 상황을 만들고 싶어 했다. 물론 나는 응하지 않았다.

어느 날 가은 씨가 온라인 강연 티켓을 선물했다. 한 소통 전문가의 강연을 들을 수 있는 티켓이었다. 또 다른 소통 전문가의 강연을 권하면서 "도움이 되실 거예요"라고 말했다. 그 말은 어떤 마음에서 시작된 걸까?

고맙다는 인사를 하고 티켓 선물은 받아뒀다. 아직 날짜가 꽤 남아 있었기에 잠시 그것을 잊고 있었다. 그러던 어느 하루에 가은 씨가 물었다.

"그런데…… 제가 권해드린 강연을 들어보셨나요?"

"아…… 아직 듣지 못했네요. 제가 듣기를 기다리셨군요."

그러자 가은 씨의 낯빛이 확연히 달라졌다. 내게도 느껴지는 그 불편함을 포착해서 대화를 이어갔다.

"지금 말씀하시면서 표정이 불편해지셨어요."

"네, 그러네요! 어떻게 제가 드린 선물에 대해서 아무 말도 안 하실 수가 있죠?"

"제가 아직 강연을 듣지 않은 것에 화가 나세요?"

"네, 불쾌하고 실망스럽네요! 보통 피드백을 해주지 않나요? 좋았다든가 고맙다든가……."

"그러시군요. 저와는 생각이 좀 다르네요. 선물을 줄 수는 있지만, 그것을 받아서 어떻게 사용하는가는 선물 받은 사람의 몫일 수 있다고 보거든요. 사람마다 상황과 사정이라는 게 있으니까요. 어떻게 생각하세요?"

그러나 가은 씨는 자신이 그처럼 반응하게 된 근원적 이유를 깊이 들여다보고 싶어 하지 않았다. 더 하고 싶은 말이 있느냐고 묻자 사람의 정성을 귀하게 여기지 않는 코치와는 일하고 싶지 않다는 대답만 돌아왔다. 갑작스럽게 그날로 코칭이 종료됐다.

과한 반응이었다. 기분이 나쁘다고 관계를 단절해버렸다. 의견 차이를 좁히기 위해 서로 상의하고 조정하는 과정이 생략됐다. 가은 씨는 특별한 사람이 되기를 원했다. 높은 우월감을 갈망했고, 그것을 충족하기 위해 타인을 통제하고 싶어 했다. 그것은 관계에서 어떤 모습으로 반복되고 있을까?


**나는 왜 불쾌해졌을까?** ───

더욱 흥미로운 점은 가은 씨의 말에 나 역시 자극됐다는 것이다. 나를 휘두르려는 상대에게서 벗어나고 싶었다. 나는 갈등을 매우 불편해하고, 그래서 자주 회피의 방식을 선택하곤 했다. 솔직히 말하자면 가은 씨가 먼저 코칭을 그만뒀으면 하는 생각도 했다.

이렇게 대화에는 깊은 강이 흐른다. 표면적으로는 언어를 주고받는 것 같지만, 더욱 엄청난 일들이 물밑에서 일어나고 있는 것이다. 가은 씨의 말이 나를 자극하고, 내 말이 다시 가은 씨에게 영향을 끼치는 것처럼 말이다.

말은 당신이 가진 생각의 시나리오를 보여준다. 대화할 때 지나치게 힘이 들어가는 것도 마찬가지다. 사람과 마주할 때 그냥 서 있지 못한다면, 자꾸 까치발을 딛어서 키를 재려 하고 어깨에 패드를 덧대어 더 높아 보이려 한다면 이건 마음의 주제가 된다. 때에 맞지 않는 힘을 과시하는 것은 오히려 약한 내면을 투영한다. 과하게 반응하는 말을 이정표로 삼아서 당신의 이야기를 따라갈 수 있다.

아쉽게도 가은 씨는 "어떻게 나한테 그럴 수가 있어!"라는 느낌표로 문장을 마쳤다. 이렇게 되면 시나리오의 결말을 바꿀 수 없다. 우리는 앞으로 '나는 왜 이런 상황이 불쾌할까?'라는 물음표를 따라가야 한다. 도망가지 말고, 마주해야 한다. 내 밖이 아니라 안에서 그 답을 찾을 수 있어야 내면의 힘이 생긴다. 그래야 내가 원하는 이야기의 결말을 써 내려갈 수 있다.

# 과거와 현재를 이어주는 말

**나에게 무슨 일이 일어나고 있는 거야?** ————

강의를 마치고 돌아와서 가족들과 저녁 식사를 하던 중이었다. 엄마가 차려준 음식이 맛있다며 흥얼거렸고, 이런저런 이야기를 테이블로 옮겨 날랐다. 그러다가 엄마도 나도 아는 지인의 소식까지 업데이트하게 됐다. "요즘 많이 힘들어하더라고. 이야기를 듣는데 안쓰러웠어"라면서 끝맺으려는데 엄마가 목소리를 높였다.

"걔도 문제가 있지 뭘 그래!"

나는 어릴 적부터 엄마가 눈을 크게 뜨고 목소리를 높이면 무서웠다. 마치 나한테 뭐라고 하는 것 같아서 혼자 훌쩍거리곤 했다. 물론 다 자란 지금은 그런다고 해서 울지 않는다. 다만 모른 척 넘어가거나 "우리 여사님, 왜 이렇게 목소리를 높이세요" 하면서 능

청을 떨었다. 그런데 유난히 그날은 그런 엄마의 말을 듣기가 참 어려웠다.

"엄마, 말을 왜 그렇게 해? 좀 따뜻하게 말해줄 수 있잖아."

엄마는 당신이 틀린 소리를 했느냐고 반박하면서 그런 스타일로 말하는 게 하루 이틀도 아닌데 오늘따라 왜 그러냐고도 했다. 나는 한숨을 쉬면서 "됐어. 됐어" 하고 짜증과 무시를 대놓고 드러냈다.

몇 번의 고성이 더 오가는 도중에 감정이 제멋대로 날뛰었다. 나는 식탁을 박차고 일어나 울고불고 소리를 질러댔다. 시끄러운 눈물을 쏟아내면서 먹던 음식을 모두 게워내고야 속이 진정됐다. 그러고는 계속 같은 말만 반복했다.

"그러니까 좀 따뜻하게 말해줄 수 없냐고!"

좀 전에 했던 말을 멈추지 않았다. 따뜻한 밥을 먹고도 따뜻한 말을 달라고 야단이다. 저녁 식사는 엉망이 되었다. 물론 엄마와 나의 마음은 더 말할 것도 없었다. 그날 밤, 잠을 설치면서 이 사건이 주는 의미에 대해 생각해봤다. 느낌표 대신 물음표가 필요한 순간이다.

'어, 이건 좀 과한데! 나에게 무슨 일이 일어나고 있는 거야?'

이 책을 쓰기 위해 몇몇 심리치료 워크숍에 오갔다. 그러다 보면 적당히 묻어둔 과거의 일들을 들추게 된다. 나의 유년 시절에는 부모의 다툼과 이혼, 새엄마들과의 만남과 이별, 친척 집 베란다에 짐을 두고 더부살이를 했던 사춘기, 빚쟁이와 압류를 피해 깊은 지하실로 몸을 사려야 했던 가난이 기록되어 있다.

오래전 일들이지만 때론 어제 일처럼 재생될 때가 있다. 가슴이 아프다 못해 위장을 쥐어짜는 듯한 통증을 느끼기도 한다. 이번 워크숍에서 지난 기억들을 헤매는 사이에 '그런 일들이 있었지, 다 예전 일이잖아'라고 초연해진 듯 집으로 돌아왔지만 괜찮지가 않았던 모양이다.

엄마의 자극을 따라 순식간에 빨려들었다. 브레이크를 걸 겨를도 없이 감정에 불꽃이 튄 것이다. 숨죽여 살던 어떤 그림자가 나타나서 고래고래 비명을 질렀다. 그렇게 큰 목소리를 내지르면서 내가 그토록 듣고 싶었던 말은 '따뜻한 말 한마디'였다는 것을 새삼 깨달았다.

지금 엄마와의 관계는 내가 초등학교 4학년 때 '이모'라고 부르면서 시작됐다. 돈 버는 데는 별 관심이 없고 술 마시는 일에만 열심이던 아빠 때문에 나는 단칸방에서 늘 엄마의 눈치를 봐야 했다.

엄마는 기분이 상하면 앞뒤 없이 말을 하는 편이었다. 어떤 감정이든 말로 말끔하게 비워내는 게 속이 검은 사람보다는 낫다고 생각하는 것 같았다. 평소에는 소처럼 우직했지만, '자존심'이 건드려지면 감정 조절이 잘 안 됐다.

반면에 나는 섬세하고 내성적인 편이었다. 한마디를 밖으로 뱉으려면 여러 번 곱씹는 성향이었다. 특히 사람의 얼굴에 스치는 찰나의 표정도 잘 포착했고, 미세한 억양 차이를 예민하게 감지했다. 때론 어떤 눈빛을 쥐고 밤새 앓기도 많이 했다.

어린 시절에 가장 듣고 싶었던 말은 "괜찮아?"였다. 누구라도 내 기분에 관심을 좀 가져주기를 바랐다. 지금 네 마음은 어떻냐고, 무엇을 원하느냐고 물어봐주기를 원했다. 하지만 학교에 돈을 납부하는 기한을 한참 넘겼을 때도, 도시락 없이 등교할 때도, 내가 원하는 대학에 불합격했을 때도, 사귀던 남자와 헤어져 꺼이꺼이 울 때도 아무도 나를 위로해주지 않았다.

성장하는 내내 결핍됐던 그 말은 여전히 나에게 영향을 미친다. 두 아이의 엄마가 된 지금도 따뜻한 말의 온기를 찾아다닌다. 위협적이지 않은 표정으로 온화하게 말하는 사람, 보드랍게 마음을 쓰다듬는 말을 하는 사람을 좋아한다.

평소에 '내가 왜 저 사람을 불편해할까?'라고 생각하게 되는 일이 있다. 그 사람이 딱히 나한테 나쁘게 한 일이 없는데도 뒷걸음치고 싶다. 곰곰 돌아보면 단지 '친절하게 말하지 않아서'일 때가 있다. 때론 명확하게 말하는 것만으로도 차갑고 무섭게 들릴 때가 있으니 말이다.

그렇지만 이제는 말의 시나리오가 자극됐다는 것을 알아차리고 같은 함정에 빠지지 않는다. 모든 사람이 다정하게 말해야 하는 것은 아니다. 말투가 강하다고 나쁜 사람인 것도 아니다. 나에게 괜찮냐고 묻지 않아도 사람들이 자신만의 방식으로 나를 사랑하고 있음을 이해한다.

그러면서도 나는 다른 사람들을 위해 열심히 "괜찮아요?"라고 묻는다. 누구나 그 말을 그리워하고 있다는 것을 알기 때문이다. 괜찮냐는 위로를 통해 내가 만나는 사람들이 정말로 괜찮아지도록 돕고 싶다. 예전의 나에게 괜찮냐는 말은 내 결핍을 떠올리게 하는 말이었다. 간절히 괜찮고 싶었지만 그럴 수 없었기 때문이다. 그러나 지금 이 순간의 나에게 괜찮냐는 말은 삶의 의미이자 소명이 되었다.


**말이 보여주는 우리의 시간** ────

코칭이나 상담을 하다 보면 굳이 과거를 파헤쳐야 하느냐고 묻는 사람들이 있다. 일부러 꼬챙이를 들고서 타임머신에 올라타는 것은 아니다. '지금, 여기' 이야기로 시작하는데 계속하다 보면 미뤄둔 숙제가 여기저기에서 튀어나오는 것뿐이다.

이런 현상을 두고 한 전문가는 "쌀가마니 어디를 찔러도 쌀이 나온다"라고 말하기도 했다. 어떤 에피소드로 시작해도 결국 그 사람의 핵심 주제, 그러니까 반복되는 삶의 시나리오가 드러나게 되어 있다는 뜻이다.

삼십 대 초반의 상연 씨 이야기를 해보자. 첫 번째 코칭 시간이었다. 상연 씨는 대화할 때 가끔 상대의 말에 어떻게 반응해야 좋을지 몰라서 난감할 때가 있다면서 찾아왔다. 불편함을 느꼈던 장면들을 구체적으로 말해줬고, 무엇을 바꾸고 싶은지 얘기하던 중이었다. 말하자면 아직 상연 씨의 쌀가마니에 무엇이 들었는지 알 수 없는 때였다.

그런데 상연 씨와의 대화에서 발견한 특징은 유독 질문이 많다는 것이었다. 예를 들어 "괜찮을까요?", "남들은 어떤가요?", "이게 맞는 걸까요?"라고 여러 번 물었다. '다음 코칭에서도 이 특징에 주목해보자' 마음먹고 있는데, 코칭이 끝날 무렵에 상연 씨는 "잠시만요! 저…… 코칭이 효과가 있을까요?"라고 다시 물어왔다.

상연 씨 질문의 특징이 느껴지는지 모르겠다. 그것은 불안과 의심이었다. 호기심에서 질문하기보다는 끊임없이 무엇을 걱정하고 단속하기 위해 확인하는 것처럼 보였다. 나는 이런 점을 확실히 해두고 싶었다.

"상연 씨는 저한테 무엇인가를 계속 확인하고 싶어 하네요. 혹시 지금까지 살면서 그런 말들을 자주 하거나 들어야 했나요?"

상연 씨는 당황한 듯했다.

다음 코칭이 시작되자마자 상연 씨는 지난번에 내가 한 마지막 질문에 관해 얘기하고 싶어 했다. 한 주 동안 '나는 왜 자꾸 그런 질문들을 하는가?'에 대해 생각해봤다고 말이다.

이번에도 시간 여행으로 이어진다. 가족들이 뿔뿔이 흩어져 살던 때, 이 동네 저 동네의 후미진 골목길을 전전하며 살았던 학창 시절로 거슬러 올라간다. 상연 씨는 부모에게 완전히 버려질지 모른다는 두려움, 어떤 실수도 하지 않아야 한다는 불안을 항상 안고서 살았다고 했다. 삐끗하는 일은 없어야 한다는 믿음이 계속 확인하는 질문을 만들어낸다.

사람들은 "저한테는 아픈 상처가 있는데요……"라고 자기 이야기를 시작하지 않는다. 어제, 그리고 오늘 겪은 관계의 어려움을 털어놓는다. 상사가 이랬고, 남편이 저랬고, 친구와는 이런 점이 힘들다는 말들 말이다.

그러나 곧 인생에서 가장 외로웠고, 또한 슬펐던 시간의 문이 열린다.

이야기가 어디에서 시작하는지는 별로 중요하지 않다. 무한대 기호 '∞'를 계속 그리다 보면 어디가 시작이고 끝인지 알 수 없어지듯이, 어떤 말들은 시간을 넘나들면서 중요한 의미를 지니고 우리 삶에 그렇게 이어져 있다.

상연 씨의 불안은 회사에서 일할 때 어떤 영향을 미칠까? 하필 상사가 업무를 모호하게 지시한 후 잘 진행하고 있느냐며 재촉하는 사람이라면? 연애할 때는 어떤 모습으로 나타날까? 자주 연락하는 것을 귀찮아하거나 '사랑해'라는 말을 아끼는 사람을 만난다면?

무엇을 바꾸고 싶다면 긴긴 시간을 바라봐야 한다. 어떤 말은 과거―현재―미래로 연결할 줄 알아야 한다. 과거에 나에게 이런 일이 있었고, 그래서 현재 나는 이런 말을 반복하고 있으며, 미래에 어떻게 달라지고 싶은지 길게 물어야 한다.

사람의 말에는 시간이 산다. 그 사람이 살아온 시간의 흔적, 즉 그 사람이 무슨 생각을 하면서 어떤 경험을 했는지, 무엇을 소중하게 여기고 또 무엇을 간절하게 바랐는지가 고스란히 묻어 있다. 그 긴 시간 동안 당신은 무엇을 간절하게 원했는지 생각해보자. 내가 따뜻함에 목마르고, 상연 씨가 안정감을 갈구했듯이 말이다.

우리 시나리오가 시작된 지점은 바로 거기, 아주 중요한 무엇인가를 잃어버리고 그것을 되찾기를 절실히 바라기 시작한 그때였을지도 모른다.

# 내 말은 왜 나답지 않을까?

2장에서는 자기감이 흐릿하고 내면의 기준이 흔들리는 탓에 타인과의 관계에서도 휘청휘청하는 사람들을 만나볼 것이다. 과거에 만들어진 타인지향 시나리오의 네 가지 형태, 즉 복종·희생·인정·결함 시나리오를 살펴보고, 그 시나리오들이 그 사람들의 현재 일상에 어떤 방식으로 강력한 영향을 미치는지 확인한다.

그러면서 우리는 다음과 같은 질문들에 답을 얻게 될 것이다. 우리는 왜 눈치를 보게 됐을까? 눈치를 보는 사람들은 어떤 말과 태도를 보일까? 관계에서 '나'를 잃어버리면 어떤 문제가 생길까? 나라면 그럴 때 어떻게 반응했을까? 이런 질문들에 대한 답을 정리하는 사이, 당신도 당신의 시나리오에 한 발 더 깊이 들어서게 된다. 이전보다 더 생생하고 풍성하며 분명하게 보일 것이다.

# 말이 편안하지 않은 이유

**내가 어떻게 더 잘해야 할까요?** ────

이십 대 후반의 남성인 민석 씨가 찾아왔다. 사람이 힘들다고 시작한 이야기였는데 '연애와 결혼'에 대해 깊은 고민이 있어 보였다.

민석 씨는 사랑에 최선을 다한다고 말했다. 먹는 것, 입는 것뿐만 아니라 시간을 쓰는 방법과 취미와 기호까지 상대에게 맞추는 편이라는 것이었다. 지금까지 여자 친구를 간섭하며 구속해본 적이 없고, 여자 친구가 싫어하고 의심할 만한 행동도 안 하는 편이며, 물론 큰소리로 화를 낸 적도 없다.

그런데 정작 본인은 연애를 할 때마다 마음고생이 심한 편이라한다. 최근에 일 년 동안 만나온 여자 친구가 있는데 이번에도 고민이 많다. 여자 친구는 화가 나면 이성을 잃기 때문이다. 평소에는 괜찮지만, 기분이 상하면 모욕적인 말을 하고 다른 남자들과 비교하면서 민석 씨를 무시해왔다.

그러나 민석 씨는 최소한의 방어력도 갖추지 못한 듯 보였다. 자신을 비난하고 연봉과 통장 액수를 들먹거리며 비아냥대는 사람 앞에서 "지금 네 말은 우리 관계에서 넘지 말아야 할 선을 넘은 것이다"라는 말을 못 했다. 민석 씨는 "제가 어떻게 더 잘해야 할까요?"라고만 물었다.

"그런 말을 들을 때 어떤 느낌이 드나요?"

"화가 날 때도 있지만, 두렵죠……."

"무엇에 대한 두려움일까요?"

"여자 친구가 나를 떠날지도 모른다는……. 혼자 남겨질까 봐 두려운 것이죠."

"지금까지 살면서 이런 감정을 종종 느꼈나요?"

"네…… 사실 자주요."

우리는 민석 씨의 여덟 살 시절로 돌아갔다. 민석 씨가 더 어릴 때부터 부모님은 이미 별거를 해오고 있었다. 부모님 사이에 엄청난 언어적 폭력이 오가는 동안, 민석 씨는 왜 이런 일이 일어나고 있는지, 앞으로 어떻게 될지 아무 설명도 듣지 못했다. 그냥 어느 날 갑자기 민석 씨는 어머니와 단둘이 살게 됐다.

어머니는 전문 직종에 종사하면서 늦은 밤이나 새벽에 퇴근했다. 그런데 민석 씨가 다닌 학교와 집의 거리까지 꽤 먼 편이어서 수업이 끝나면 친구들과 어울리지 못하고 곧장 집으로 돌아와야 했다. 딱히 단짝 친구가 있는 것도 아니었다.

민석 씨는 혼자 있는 시간이 많았다. 그 시간 동안 어머니를 기다리며 생각했다.

'내가 무엇을 하면 엄마가 좋아할까?'

설거지를 하거나 청소기를 돌리면 어머니는 좋아했다. 숙제를 알아서 하거나 학교에서 상장을 받아 와도 좋아했다. 민석 씨의 이야기 속에서 어머니는 보호받고 기댈 수 있는 대상이 아니었다. 민석 씨의 착하고 기특한 행동을 칭찬과 관심으로 거래하는 관계처럼 보였다.

그러다가 5학년 때 어머니가 재혼을 했고, 민석 씨는 다시 아버지에게 보내졌다. 아들은 "엄마랑 살고 싶어. 나를 두고 다른 남자랑 결혼하지 마"라고 떼쓰지 못했다. 그 이유를 묻자 민석 씨는 "엄마가 좋아하는 것 같아서"라고 조용히 답했다.

어머니와 민석 씨의 관계는 여자 친구와 민석 씨의 관계로 이어져서 비슷한 플롯이 진행되고 있다. '내가 무엇을 더 해야 할까?'라는 질문이 반복된다. 화·슬픔·두려움이 표현되지 못하고, 숨겨져 있다. 조건 없이 애정을 받고 누리는 기쁨을 알지 못한다는 점에서도 두 관계가 닮아 있다.

민석 씨의 말과 시나리오를 이해하기 위해서는 그가 어린 시절에 잃어버린 것이 무엇인지 더 알아볼 필요가 있다. 민석 씨는 어머니와의 관계에서 어떤 것을 잃어버리고 무슨 경험을 원했을까? 그것은 지금의 연애 문제와 어떻게 관련되어 있고, 어디서부터 다시 노력해야 하는 걸까?

## 타당한 감정과 욕구를 무시당할 때 ──────

제프리 영 박사의 심리도식치료에는 '핵심적인 정서 욕구core emotional needs'라는 개념이 있다. 사람마다 어릴 적에 충족돼야 하는 정서적 자원을 뜻한다. 이것이 있어야 우리는 자신에 대한 의심을 덜 하며 앞으로 나아갈 힘을 얻는다. 눈에 보이고 만져지는 것은 아니지만, 사람에게는 먹고 자는 것만큼이나 중요한 것이다.

핵심적인 정서 욕구 중에 대표적인 것으로는 '애착'을 꼽을 수 있다. 누구나 타인과의 안정된 애착을 원한다. 사랑, 관심, 존중, 애정, 이해를 필요로 한다. 애착 욕구를 충족하지 못하면 성장하면서 다른 사람들과 친밀감을 느끼는 데 어려움을 겪을 수 있다. 겉으로는 잘 어울리는 것처럼 보이지만 내면으로는 깊은 외로움과 고립감을 느끼기도 한다.

또 애착 욕구처럼 타인과 연대하고 싶은 마음이 있으면서도, 동시에 홀로 서고 싶어 하는 면이 있다. 이를 '자율성의 욕구'라고 하는데, 누구에게도 의존하지 않고 전적으로 자신만의 목표와 방향을 찾고자 하는 마음이다.

자율성의 욕구를 충족하는 과정에서 '유능감의 욕구' 역시 채울 수 있다. 내 힘으로 도전하고 성취하면서 스스로에게 느끼는 뿌듯함과 만족감을 경험하게 되기 때문이다. 그러나 홀로 설 기회를 주지 않고 의존을 조장하는 환경에서 자란다면 자율성과 유능감이라는 핵심적 욕구가 결핍될 수 있고, 그 결과 자아 정체감이 불분명해지고 열등감과 무능감을 경험하게 된다.

그 밖에 우리는 즉흥적인 즐거움을 추구하는 면도 있는데, 이를 '자발성과 유희의 욕구'라고 부른다. 혹여 이 욕구를 지나치게 짓누르는 환경에서 자라면 내면에서 엄격한 규칙이 만들어진다. 엄하고, 요구 사항이 많고, 처벌적인 가족들 사이에서 경계하고 억제하는 데 익숙해진다.

어린 시절에 핵심적인 정서 욕구들을 충족한 사람은 심리적으로 건강하게 자란다. 단단한 자기감을 기반으로 고단한 삶을 항해할 귀한 자원을 가득 채우는 셈이다. 그러나 핵심적인 정서 욕구들을 충분하게 경험하지 못하면 결핍을 느낀다. 스스로 어딘가 부족하고 완전하지 못하다는 느낌에 시달리게 될뿐더러 나와 타인, 그리고 세상을 넓고 유연하게 바라보지 못하며, 제한되고 경직된 믿음에 갇히고 만다. 이것이 바로 앞에서 말한 '삶의 덫'이다.

민석 씨는 어떤 욕구를 충족하지 못한 채 자랐을까? 민석 씨는 자신의 타당한 감정과 욕구를 표현하고 인정받는 기회를 잃어버렸다. 어릴 적부터 분노와 슬픔, 외로움과 두려움을 숨겨야 했다. 부모의 눈치를 보느라 자신의 내적 신호에 귀 기울이는 방법을 배우지 못했던 것이다. 혹여 드러낸 적이 있더라도 아무도 민석 씨의 감정과 욕구에 귀 기울여주지 않고 무시했을 것이다.

우리 내면에는 가장 직접적이면서도 강렬한 자기감의 신호, 즉 감정과 욕구를 표현하고 싶은 욕구가 있다. 다른 사람이 그것에 주목하고 인정해주기를 바란다. "그렇게 느꼈구나", "그렇게 느낄 수 있어"라는 말이 절실하게 필요하다. 진솔한 감정과 욕구를 드러내고 그것이 받아들여지는 경험은 건강한 자기감을 만드는 토대가 된다.

상대적으로 더 잘 알려진 '자존감' 역시 자기감의 기반 위에서 세워진다. 자존감은 스스로를 가치 있는 사람으로 생각하고 존중하는 마음이다. 만약 자존감에 점수를 매긴다면 이는 절대적인 점수가 아니다. 자존감 점수는 외부 환경과 경험에 따라 변할 수 있기 때문이다. 남들에게 나쁜 평가를 듣거나, 열심히 노력했는데도 별 성과가 없으면 누구나 자존감에 상처를 입을 수 있다.

그러나 건강한 자기감을 가지고 있으면 동요가 적고 회복이 빠르다. 누구보다 내가 나 자신에 대해 잘 안다고 확신하므로 내 가치를 평가할 때 타인의 평가에 전적으로 의존하지 않게 되기 때문이다. 따라서 자존감은 자기감의 토양이 빈약할수록 널을 뛸 수밖에 없다.

자기 욕구가 다른 사람의 욕구만큼 중요하다는 믿음을 충분히 제공받지 못하면 내면의 안테나가 밖을 향해서만 세워진다. 안으로 탄탄한 자기감을 쌓는 대신에 주변 정보를 탐색하고 위험성을 평가하는 데 급급해지기 마련이다. 다른 사람에게 버림받고 싶지 않다는 두려움, 무엇인가를 더 해야 받아들여질 것 같은 불안감, 지금 이대로의 나는 부족하고 무가치하다는 수치심이 들끓는다.

긴 결핍의 시간은 이렇게 한 사람을 '타인지향 시나리오'에 가둬버린다.


**타인지향 시나리오를 가진 사람들의 말** ───

타인지향 시나리오란 다른 사람의 눈치를 보느라 자신의 내적 신호와 기준을 무시하는 각본을 반복하는 것을 말한다. **타인의 감**

정과 욕구를 충족시키는 것을 훨씬 중요하게 생각하고, 남들에게 인정받으며 정서적인 관계를 유지하기 위해 '자기self'를 외면하는 특징을 보인다.

따라서 타인지향 시나리오를 가진 사람들의 말에는 자기감 sense of self이 결여되어 있다. 자기감이 흐릿한 사람들의 언어에서는 자기 신뢰와 안정감이 부족하다는 느낌을 지우기 어렵다. 그들의 말에는 '자기'가 밀려나 있거나, 사라져 있다.

그들의 대화를 관찰하면 크게 두 가지 특징을 보인다.

첫째, 민석 씨처럼 그들은 자신의 감정과 욕구를 드러내는 데 편안하지 않다.

대화에서 상대의 감정과 욕구뿐만 아니라 자신의 감정과 욕구도 중요한 정보가 된다. 자신의 현재 상태와 나아가야 할 방향을 안내해주기 때문이다. 그러나 타인지향 시나리오를 가진 사람들은 자기 감정을 잘 느끼지 못하거나, 특정한 감정을 느끼는 것은 나쁜 일이어서 잘못됐다고까지 생각하는 경향이 있다. 자기가 원하는 것이 무엇인지조차 잘 모르는 경우가 많고, 안다고 해도 요구하지 못한다.

그렇다면 왜 자신의 감정과 욕구를 인정하는 것이 그토록 불편한 일이 되었을까?

감정과 욕구를 존중받은 경험이 부족해서이다. 조건적인 애정,

무관심과 비난, 연이은 실패의 경험 때문이다. 가까운 사람들에게 거부당하고, 무시당하고, 조종당한 상처를 지닌 경우도 많다. 이런 경험들이 계속 이어지면 자기 내면에서 출력되는 감정과 욕구 데이터를 신뢰하지 못하게 된다. 내 것을 드러낼 때 부족하다고 느껴지면서 부끄럽고, 지금 이렇게 하는 것이 적절한지 의심스럽다.

그러니 말을 할 때 주변의 눈치를 볼 수밖에 없다. "이게 맞나?", "다른 사람들이 어떻게 볼까?" 하고 끊임없이 점검한다. 건강한 관계의 핵심은 자신의 감정과 욕구를 얼마나 안전하게 드러내는가에 있다. 감정과 욕구를 적절하게 주고받지 못하는 관계는 유지되기도, 깊어지기도 어렵다.

둘째, 타인지향 시나리오를 가진 사람들은 상황과 자극에 어울리지 않는 말을 한다. "왜 저렇게까지 말하지?" 할 정도로 과도하게 반응하거나, 반대로 "왜 할 말도 제대로 못 하는 거야?" 싶게 소극적으로 반응하여 무기력해 보인다.

예를 들어보겠다. 현정 씨가 어느 모임에서 사람들과 이야기를 나누고 있었다. 노력해도 안 될 일은 안 되더라는 각자의 경험담이 오갔다. 그러던 와중에 한 사람이 현정 씨를 향해 말을 던졌다.

"노력해도 안 되는 건 현정 씨가 잘 알잖아요, 그렇죠?"

현정 씨는 임신이 잘 안 되어서 힘들어하던 중이었다. 모임의 몇몇 사람은 이미 그 사실을 알고 있었지만, 상대는 굳이 현정 씨의 개인사를 공개적으로 들추었던 것이다. 순간적으로 현정 씨는 얼굴이 화끈거렸다. 동시에 자신이 어떻게 반응해야 할지 멍해졌다. 결국 "네…… 뭐……" 하면서 짧게 웃어넘기고 말았다.

그러나 집으로 돌아와서 현정 씨는 모욕감에 견딜 수 없이 아파했다. 그 자리에서 불쾌하다는 말 한마디 하지 못했다는 사실이, 다른 사람들이 신경 쓰여서 대충 웃어넘기려 한 자신이 한심스러웠다. 그때 왜 현정 씨는 상황에 어울리는 말을 찾지 못했을까?

타인지향 시나리오를 가진 사람은 의미 있는 사람에게 충분히 받아들여진 경험이 부족하다. 충분히 받아들여진다는 것은 만족스러울 정도의 사랑과 관심과 인정을 받았다는 것을 의미한다. 나를 더 이해하기 위해 노력하는 사람들이 있다는 것을 알고, 확실한 애정을 확인했다는 뜻이다.

충분히 받아들여진 사람은 '나는 꽤 괜찮은 사람'이라는 기본값에서 출발한다. 그 덕분에 관계를 맺을 때 균형점을 잘 찾는다. 상대를 배려하면서도 나를 소외하지 않는 적정 지점에서 말하고 반응한다. 순응할 때와 불응할 때를 알고, 분노할 때와 슬퍼할 때를 혼동하지 않는다.

현정 씨는 '온전히 받아들여지지 못했다는' 상처를 가지고 있었다. 어릴 적부터 '나는 왜 사랑받을 수 없지? 왜 아무도 나에게 관심이 없는 거야?'라고 질문해왔지만, 아직 답을 찾지 못했다. 그래서 여전히 그 과제에 묶여 있다. 현정 씨처럼 조건적인 수용 속에서 자란 사람들은 어른이 되어도 나를 지키고 돌볼 줄 모르거나, 집착적으로 나만 보게 되는 식으로 시야가 좁아진다.

대화를 편안하게 하려면 '나', '너', '상황'을 함께 봐야 한다. 그 중에서 어느 하나에 편향되어 있으면 경직되고, 상황과 어울리지 않는 말과 행동을 한다. 제때 화를 내지 못하거나, 남을 만족시키느라 진을 빼거나, 과도하게 자책하며 상황을 악화시킨다.

### 남의 눈치를 보느라 우리가 잃어버린 것들 ────

눈치란 남의 마음을 미루어 짐작하는 능력이다. 다른 사람의 기분을 알아차리고, 그에 맞게 대처함으로써 관계를 유지하게 해주는 수단이다. 눈치가 너무 없어도 인간관계가 힘들어진다. 공감 능력이 떨어지는 답답한 사람으로 취급받기 쉽고, 진심이 왜곡되어 손해를 볼 때가 많다.

문제는 그게 지나칠 때이다. 남의 기분을 거스르고 싶지 않아서 자기 것을 포기한다면, 손해와 양보를 당연하게 받아들인다면, 무례한 사람들과 거리감을 유지하지 못한다면, 나만의 기준과 선호를 스스로 모른다면 당신도 남의 눈치를 살피느라 나를 잃어버린 사람 중 한 명이다.

우리는 과거의 어느 시간에 아주 중요한 욕구를 잃어버리고 오늘의 시간에 도착했다. 사랑받고 있다는 느낌, 믿어주는 사람이 있다는 확신, 언제든 안길 따뜻한 품이 있다는 기억, 내 존재를 기뻐하는 사람이 있다는 경험을 채우지 못하고 자랐다. 나를 표현해도 안전하고 싶다는, 있는 그대로 무조건적으로 받아들여지고 싶다는 그 당연한 욕구를 충분히 채우지 못했다.

그것은 아주 슬픈 일이다. 지금도 나는 수십 년 전에 일어난 일을 가지고 마치 오늘 오전에 겪은 일처럼 쓰라려 한다. 그러나 아무리 울어도 이미 일어난 일을 바꾸거나 돌이킬 수 없다. 다만 그 일이 내 삶에서 반복되지 않도록 멈추는 힘은 나에게 있음을 안다. 과거에 발목을 잡혀서 정해진 대로 살지 않고, 살고 싶은 대로 살 수 있는 기회는 우리 손에 있다는 말이다.

코칭 초반에 사람들은 많이 운다. 누군가가 미워서 울고, 기억들이 슬퍼서 운다. 그러나 시간이 지날수록 웃는다. 예전 같으면 혼자 끙끙 앓았을 말을 조금씩 할 수 있게 되면서, 자신과의 대화가 훨씬 따뜻하고 부드러워지면서 주변 관계도 편안해지는 변화를 경험하기 때문이다.

사람들은 나에게 "제 말이 달라질 수 있을까요?"라고 묻는다. 그럴 때마다 나는 "나 자신과의 관계가 달라지면 말도 달라질 수 있어요. 과거가 아닌 지금의 나 자신과 잘 지내면 말은 변합니다"

라고 대답한다.

당신의 말은 지금보다 더 편안해질 수 있다. 남의 눈치를 덜 보고 덜 애쓰면서도 진솔하게 대화할 수 있다. 그러면서도 적정 거리에서 서로 좋을 만큼의 관심과 사랑을 나누며 교류할 수 있다. 종종 대화의 기쁨도 느낄 수 있다.

그러기 위해서는 가장 먼저 당신을 힘들게 하는 낡은 시나리오부터 멈춰야 한다. 그것을 멈추려면 그동안 자동으로 재생되어온 시나리오가 무엇인지 명확하게 직시해야 한다. 특히 이번 장에서는 눈을 더 크게 뜨고서 나 자신과 그런 나를 지배해온 시나리오를 찾아봐야 한다.

앞으로 내가 할 이야기들을 읽으면서 '불편감'을 느낄지 모른다. 자연스러운 일이다. 한 가지만 기억하면 좋겠다. 당신이 읽는 내내 무엇을 느끼든 그럴 만한 이유가 있다는 것이다. 그리고 그것은 사랑받고 싶은 욕구, 관심받고 싶은 욕구, 용서받고 싶은 욕구, 존중받고 싶은 욕구, 스스로 해내고 싶은 욕구, 자신을 표현하고 싶은 욕구가 당신에게 있었기 때문임을 잊지 말자.

자기가 앞으로 어찌하면 좋겠느냐면서 내 앞에서 답을 기다리는 민석 씨에게 다음과 같이 말했다.

"그 여성과 계속 만나도 되느냐고 물었지만, 제가 이별을 결정해줄 수는 없어요. 저는 모든 관계에서 민석 씨의 감정을, 욕구를,

선호를 드러내라고 제안합니다. 먹고 싶은 메뉴를 말하고, 그녀의 제안에 '싫다'고도 말해보세요. 불쾌한 말을 들으면 조심해달라고 요청하고요. 상대도 그에 맞게 반응할 테지요. 그러면 민석 씨가 앞으로 어떻게 해야 하는지 스스로 알 수 있을 거예요."

마찬가지로 당신에게도 이 책을 읽는 동안 지속적으로 당신의 감정과 욕구와 선호를 더 드러내어보라는 제안을 하고 싶다. 무엇을 느끼고 원하든지 말이다.

# 싫다는 말을 못 하는 사람들의
# 복종 시나리오

**괜찮지 않은데도 괜찮다고 말하는 이유** ────

"너는 그때 말하지, 왜 꼭 나중에 그러냐!"

친구는 참다 참다 나에게 한마디를 했다. 시간이 꽤 흘러서 어떤 일 때문에 친구가 그랬는지는 정확히 기억나지 않지만, 나는 감정에 뒷북일 때가 많았다. 대화를 하다가 불쾌함을 느껴도 그 자리에서 바로 말하지 못하고, 괜찮은 얼굴을 지었다. 그러고 나서 좀 지난 후에야 "지난번에 말이야" 하면서 들먹거리니, 친구는 "어, 그랬어? 그때 말을 하지" 하게 된 것이다.

나는 그게 잘 안 되었다. 얼굴이 화끈거리고 위장 어딘가 움찔거려도 일단 넘기려 했다. 불편한 감정을 얼굴에 바로 드러내거나 "네가 방금 한 말에 관해서 말이야" 하면서 제동을 걸기가 힘들었다. 오랜 친구인데도 내가 그렇게 나오면 친구가 어떻게 반응할지 예상할 수 없다는 긴장감에 휩싸였다.

친구 관계에서도 이러하니 직장에서 만난 사람들과는 말할 것도 없다. 나는 예전에 세 곳에서 교육 관련 일을 했다. 그곳에서 나는 유능한 직원이자, '힘들다, 싫다, 못한다'는 말 한마디를 안 하는 참을성 많은 후배였다. 무슨 일이든 주면 척척 해내는 나를 선배들은 신임했고, 좋은 평가를 받았다. 그런데 이상하게도 회사를 그만둘 때가 되면 직속 상사와의 갈등으로 힘겹게 퇴사하곤 했다.

돌이켜보면 퇴직 의사를 밝히기 전에 선배들에게 사인을 주지 않았다. 관계를 마무리할 때는 서로 예고하여 준비 시간을 주는 것이 필요하다. 날씨 예보처럼 자신의 상황과 마음에 관해 알려주고, 관계의 마무리를 받아들일 수 있는 시간을 줘야 한다.

그러나 나는 늘 갑작스럽게 떠나려 했다. 그러면 선배들은 "도대체 왜 이래?" 하면서 내 태도를 당황스러워했고, 배신감을 느꼈다. 평소에 다 괜찮다고 말하면서 괜찮은 얼굴을 했기 때문에 상대는 내가 얼마나 힘든지, 어떤 불만을 품고 있는지 알아차릴 수가 없었던 것이다.

나에게 상사들은 권위적인 인물이었다. 그들에게 갈등을 드러내는 것이 두려웠다. 내 마음을 솔직하게 드러내면 어떻게 나올지 모르니까. 그들이 화낼까 봐 무서웠고, 그들에게 또다시 통제당할까 봐 겁났다. 그래서 그만둬야겠다는 결심이 서면 의논하지 않고 가능한 한 피해 다녔다.

만약 그때 내가 괜찮다고 얘기하지 않고, 적절한 타이밍에 괜찮지 않다고 표현했다면 상황이 달라졌을 것이다. 내가 느낀 불편함이 겨우 티끌에 불과할 때 말할 수 있었다면 그것을 태산으로 키워서 혼자 도망가지는 않았을 것이라는 말이다.

지금은 훨씬 나아졌지만, 나는 '화'라는 감정을 다루기가 어렵다. 누군가 화를 내는 것이 무섭고, 그런 상황을 만들게 될까 봐 걱정한다. 감정을 거칠게 드러내는 사람 옆에 있으면 심장이 벌렁거린다. 그런 사람은 피할 수 있으면 먼저 알아보고 도망간다.

어린 시절에 부모님은 서로에게 화를 낼 때면 몸싸움을 했다. 이불 속에서 두 사람의 폭력적인 언행을 견디고 있을 때면 작은 심장은 고장 난 듯 날뛰었다. 혹여 누군가 다치거나 죽지 않을까, 집을 나가버리지 않을까, 아니면 무고한 나까지 한 대 얻어맞지 않을까 마음을 졸여야 했다.

어린이의 생존권과 안녕권이 어른들에게 달려 있으므로 "무서워요!"라거나 "왜 아무도 나한테 신경을 안 써줘요?"라는 말을 하지 못했다. 그저 지나가기를 조용히 기다리면서 어른들의 심기를 건드리지 않도록 처사해야 했다. 힘 있는 어른들의 표정과 기분을 살피며 최대한 자극하지 않는 것이 살길이라는 걸 배워갔다.

이렇게 엄마와 아빠 사이에 칼날이 오가는 가정에서 자라면 아이는 두려움에 자주 노출되고 생존을 위해 '복종'을 선택한다. 바짝 엎드려서 자기 요구를 드러내지 않고 어서 이 상황이 끝나기를 기다릴 뿐이다.

그런 삶의 방식에 익숙해지면 어른이 되어도 우선 '괜찮다'는 말이 튀어나온다. 그래놓고 "실은 안 괜찮은데……" 하면서 돌아서서 후회한다. 나처럼 갈등을 만들 수 있는 상황을 아예 피하려 들거나, 대안을 찾고 협력하는 대신에 포기하고 도망가는 전략을 쓰면서 꼬리를 자르는 모습을 보일 수도 있다.

화라는 감정은 피해 다닌다고 사라지지 않는다. 오히려 체지방처럼 쌓여서 다른 부작용을 남긴다. 화를 내야 할 타이밍을 놓치면 엉뚱한 사람에게 생뚱맞게 폭발해버리기도 한다. 그러고 나서는 또 엄청난 자책감에 시달린다.


**상대에게 맞춰줘야 마음이 편하다면** ──────

연인이나 부부처럼 사적인 관계에서 유독 복종을 선택하는 사람들도 있다. 후배인 명진이가 그랬다. "오빠가 좋으면……"이라는 말을 자주 했다. 파트너의 요구에 무조건 따라줬다. 주변 사람들이 걱정되어 한소리를 건네면 그렇게 맞춰줘야 자기 마음이 편하다는 대답이 돌아왔다.

명진이는 파트너와 작은 다툼이라도 벌이면 과장되게 해석하는 편이었다. 의견 차이가 있을 때 대등한 관계에서 문제를 해결하지 못했다. 갈등의 위험을 빨리 없애는 데 집중했다. "내가 잘못했어. 우리 사이는 괜찮은 거지?"라는 식의 말이 뒤따라 나왔다.

이런 복종의 태도는 친밀하고 건강한 관계를 유지하는 데 도움이 안 된다. 괜찮다고만 말하면 늘 괜찮아져야 한다. 평형을 잃어버린 관계에서는 한쪽이 사랑의 권력을 남용하기 쉽다. 자기 욕구가 우선시되는 것을 당연하게 여기면서 상대를 주무르고 휘두르게 될지 모른다.

게다가 명진이는 다소 강압적인 상대들을 만나왔다. 명진이의 파트너는 상당히 지배적인 태도를 과시했다. '내가 이 여자를 통제하고 있다'는 것을 보여주고 싶어 했다. 예를 들어 모임 날짜를 잡을 때도 명진이는 '오빠'를 먼저 봤다. 그가 끄덕이면 그제야 좋다고 말하는 식이었다.

실제로 복종적인 사람들은 통제적인 사람들에게 매력을 느끼는 경우가 많다. 일종의 '관계의 화학작용'으로, 지크문트 프로이트Sigmund Freud가 얘기한 '반복 강박'이다. 복종 시나리오를 더 강화하는 사람을 만나서 파괴적인 관계를 지속적으로 경험하게 되는 것이다. 이로써 그 덫에서 빠져나가기가 더 어려워진다.

이번에도 짧은 연애를 끝마친 명진이와 대화를 나누었다. 명진이는 탈진한 듯했다. 복종적인 사랑을 끝낸 후에는 후련해하기보다는 허무감과 더 짙은 외로움으로 힘들어했다.

"괜찮니?"

"아뇨……."

"그 사람과 연애하면서는 괜찮았니?"

"나도 사실은 괜찮지 않았어요."

"네가 그 말을 더 적절한 타이밍에 할 수 있으면 좋겠다."

명진이의 아버지는 꽤나 강압적인 사람이었다. 식탁에 둘러앉아서 가족들과 웃으며 대화해본 기억이 없다고 했다. 아버지의 말에 대답하는 것은 권위에 대한 도전으로 받아들여졌다. 아버지의 지시에 '싫다'고 말하는 일은 상상해본 적도 없다. 이렇게 어릴 적부터 부모가 지나치게 통제적이고 자녀의 요구를 무시해온 경우에도 그 자녀에게 복종 시나리오가 생길 가능성이 높다.

곱고 예쁜 명진이가 앞으로 좋은 사람을 만나서 안전하고 믿을 만한 사랑을 키우면 좋겠다. 그러기 위해서 사람 보는 눈을 키워야 한다. 너무 자기중심적이거나 이기적이어서 상대의 감정과 욕구를 무시하는 사람을 솎아내야 한다.

자기 욕구를 충족하기 위해 상대의 죄책감을 자극하거나, 상대를 움직이기 위해 화를 도구로 사용하는 사람은 안 된다. 특히 상대가 가진 깊은 두려움을 이용해서 "내 말을 안 들으면 떠날 거야"라는 식으로 협박하는 사람과는 아예 관계를 맺지 않는 것이 좋다.

자기 바람을 제때 표현하는 방법도 배우면 좋겠다. "그건 싫다", "나는 다른 것이 더 좋다", "그 말을 들으니 화가 난다"라는 말을 속으로 삭이지 말고 입 밖으로 소리 내어 얘기해야 한다. 내가 요구를 한다고 사람들이 나를 떠나는 것은 아니다. 서운하고, 화가 나고, 실망을 느끼는 것은 자연스러운 일이고, 억지로 막을 수 없다.

좋은 관계는 내가 참는다고 만들어지지 않는다. 한쪽이 늘 땅으로 기울어 있는 시소는 재미가 없다. 오히려 각자가 주도권을 가지고 있을 때 빛을 발한다. 오르락내리락하며 서로 힘의 탄성을 느낄 때, 협력과 파트너십을 발휘할 때 관계는 흥미로워지고 깊어진다.

**복종 시나리오를 가진 사람들** ───────

타인지향 시나리오를 가진 사람들은 공통적으로 자기감의 기준이 다른 사람에게 있다. 그중에서 복종 시나리오가 강하게 활성화되는 사람은 크게 두 가지 형태로 행동한다.

하나는 '욕구의 복종'이다. 자신의 선호나 소망을 드러내지 않는 것이다. 원하는 것이 있어도 표현하지 못하고 다른 사람의 기분과 요구에 따른다. "괜찮아요", "글쎄요", "잘 모르겠어요"라는 말을 자주 사용한다. 때론 남을 기쁘게 해주려는 모습을 보이거나, 직장이나 개인적인 관계에서 다른 사람들에게 휘둘리기도 한다.

또 다른 하나는 '정서의 복종'이다. 분노를 억압하고, 자기 감정을 무시하는 형태로 드러난다. 내 감정은 타당하지 않으며 다른 사람들도 하찮게 여긴다고 믿기 때문에 자기가 느낀 것을 드러낼 때면 죄책감을 느낄 수 있다.

특히 복종은 두려움이라는 감정에 쫓긴다. 내 감정과 요구를 드러내면 힘을 가진 사람에게 버려지거나 보복당하거나 비난당할까 봐 무서운 것이다. 만약 자신의 욕구와 정서를 인식하고 표현하는 데 이 같은 두려움을 지닌다면, 그래서 일단 괜찮다고 말한 다음에 타인의 반응을 살핀다면 당신은 복종 시나리오에 지배받는다고 할 수 있다.

복종 시나리오를 가진 사람들의 말

- '괜찮다'는 말을 자주 사용한다.
- 다른 사람이 의견을 물어보면 주저하며 "글쎄요, 잘 모르겠어요"라고 대답한다.

● "○○을 하고 싶다"처럼 자신이 원하는 걸 분명히 드러내는 말을 어려워한다.

● 상대와 생각이 다를 때 "싫다"는 말을 못 한다.

● 속으로 '저 사람이 기분 나빠하면 어쩌지?'라고 걱정한다.


당신이 괜찮다고 말할 때 그 말이 어떤 마음에서 출발한 말인지 생각해봐야 한다. 나의 감정과 욕구가 정말로 괜찮다고 한 것인지, 아니면 습관적인 두려움 때문에 나의 감정과 욕구를 숨기려는 것은 아닌지 구분할 필요가 있다.

내가 얘기하지 않더라도 누군가 "힘들지?", "걱정했지?" 하면서 내 마음을 알아준다면 얼마나 좋을까. 하지만 내 고통을 가장 잘 아는 사람은 나밖에 없다. 아쉽고, 안타깝고, 답답한 지점도 나만 안다. 나만 아는 것에 관해서는 소리 내어 말해야 한다.


특히 정당한 분노를 제때 느끼는 것이 중요하다. 억지로 참아서 눌러놓은 화를 자유롭게 해방해야 한다. '화'는 심리적인 경계를 세워서 나를 보호하는 역할을 한다. 또한 내면의 강렬한 욕구를 알려주기도 한다. 소중한 것, 지켜야 하는 것을 감지하는 센서인 셈이다. 그런데 분노를 느끼기도 전에 괜찮다고 말하는 것이 습관으로 굳어버린 사람은 경보 시스템을 꺼둔 것과 같다.

화재경보기가 꺼져 있으면 진짜 불이 날 때 어떻게 될까? 더 큰 사고로 이어진다. 별일이 없는데 경보기가 자꾸 울리는 것도 고장이지만, 아예 작동을 멈춘 것 역시 중대한 문제가 된다. 자기감으로부터 멀어지는 것은 물론이고, 타인의 위협이나 침범에도 속수무책일 수밖에 없다. 나 자신을 방치했다는 좌절감까지 고스란히 내 몫이 되고 만다.

분노가 쌓이면 어떻게든 표가 난다. 몸이 아프거나 마음의 우울감이 지속된다. 갑작스러운 감정 폭발로 관계를 망치고, 주변 사람들에게 수동적인 공격을 시도한다. 대놓고는 그러지 못하면서 은근히 돌려서 상대를 힘들게 만든다.

**반항, 복종 시나리오의 다른 얼굴** ─────

같은 복종 시나리오를 가지고 있더라도 그것에 대응하는 방식은 다를 수 있다. 예를 들어 강압적인 부모 슬하에서 통제적으로 길러진 두 사람이 있다면, 한 사람이 복종의 방식을 선택할지라도 다른 사람은 치열한 전투를 치르기로 마음먹을 수 있다.

사람들은 위협에 처했을 때 기본적으로 세 가지 반응을 보인다. '얼어붙기freez, 도망치기flight, 싸우기fight'가 그것이다. 이것을 심리도식치료에서는 '굴복, 회피, 과잉 보상'이라는 용어로 설명한다.

먼저 '굴복'은 자신이 원하지 않는 시나리오여도 그 시나리오를 따라 사는 방식이다. 굴복을 선택하여 싫다고는 말하지 못하는 사람이 있다고 해보자. 그런 사람은 외부에서 과도한 요구를 해올 때 "내가 뭐 어쩌겠어" 하면서 자신에게 고착된 시나리오를 인생 각본으로 삼아 순응한다. 이를 바꿀 수 없는 진실, 혹은 어쩔 수 없는 운명이라 믿는 편이다. 특정한 시나리오가 반복되기 때문에 다른 대처 방식에 비해 비교적 눈에 잘 띈다.

'회피'는 자신이 원하지 않는 시나리오가 반복되지 않도록 도망치는 방식이다. 문제를 해결하는 것이 아니라 문제가 만들어질 여지를 아예 차단하기 위해 에너지를 쓴다. 싫다는 말을 못 하기 때문에 최대한 사람들을 만나지 않는 쪽을 선택한다.

마지막으로 '과잉 보상'으로 자신이 원하지 않는 시나리오에 대처하는 방식이 있다. 과거의 이야기와 다른 모습으로 살기 위해 고군분투하는 것이다.

예를 들어 싫다고 말하지 못했던 사람이 과잉 보상의 방식으로 전환하면 지나치게 주장하는 태세를 취할 수 있다. 어릴 때부터 자신은 쓸모없이 무가치하다고 자주 느껴온 사람은 오히려 완벽한 모습을 보이기 위해 안간힘을 쓰기도 한다. 자신이 얼마나 가치 있는 사람인지 떠벌리면서 자랑하는 모습으로도 나타날 수 있다.

과잉 보상의 방식은 때때로 효과적으로 보인다. 자포자기하지 않고 열정적으로 치열하게 삶을 대하는 것처럼 보이기 때문이다. 실제로 바람직한 결과를 낳을 때도 있다. 하지만 그 같은 반격에만 사로잡혀 있으면 여전히 내가 원하지 않는 시나리오에 갇혀 있는 것과 같다. 자기 삶을 살지 못하고 과거로부터 멀어지는 데만 주목한다는 점에서 그렇다.

복종 시나리오를 가진 사람들도 마찬가지다. 부모의 힘에 억눌려온 사람들 중에는 굴복하여 복종하거나, 복종해야 할 상황을 회피하는 대신에 과잉 보상으로 반항을 선택하기도 한다. 태웅 씨도 그런 경우이다. 태웅 씨는 부부 관계에서 자주 갈등하는데 그때마다 말의 수위가 높아지고 거칠어져서 말을 다르게 하고 싶어 했다.

태웅 씨는 성격이 강하고 비난의 말을 아무렇지 않게 퍼붓는 어머니 밑에서 자랐다. 어머니는 기분이 상하면 가족들에게 자기감정을 쏟아내면서 폭발했다. 아버지는 집안일에 무관심했고, 어머니는 많은 원칙을 세워서 자녀들을 엄하게 단속했다.

혼낼 때면 화를 동원하고, 욕설을 사용하고, 때때로 매를 들었다. 그 안에서 아들은 자신의 감정과 욕구를 숨긴 채 복종의 시간을 견뎠다. 어머니의 훈육 방식은 아들 자격이 없다는 수치심과 언제 어디서 혼날지 모른다는 두려움을 자극하고 말았다.

그러다가 사춘기부터 어머니와의 본격적인 갈등이 시작됐다.

태웅 씨는 어머니가 원하는 학교와 진로를 일부러 따르지 않았다. 어머니가 싫어하는 친구들과는 어울려 다녔다. 물론 성인이 된 후에도 갈등이 많았다. 특히 결혼 후에 어머니와 아내 사이에서 걷잡을 수 없이 폭발하곤 했다.

태웅 씨는 자주 신경질적인 모습을 보였고 작은 불편함도 견디기 힘들었다. 아내와 대화하다가 의견 차이가 생기면 분노에 휩싸여 정신을 차릴 수 없었다. 특히 아내에게서 지시하려거나 통제하려는 느낌을 받을 때는 더욱 그랬다. 자기 요구를 들어주지 않을 때도 마찬가지였다. 아이처럼 화가 났다. 태웅 씨는 자주 이렇게 말했다.

"나한테 이래라저래라 하지 마!"

"그냥 내 말대로 좀 하라고!"

겉으로 보기에 태웅 씨가 복종의 언어를 사용하는 사람 같지 않을 수 있다. 오히려 거침없는 투사처럼 보인다. 그러나 이것 역시 과거에 복종을 강요받았던 상처의 반작용이다. 통제, 지시, 권위에 지나치게 민감하고 관계에서 불거지는 갈등에 적절하게 대처하지 못하기 때문이다.

**복종 시나리오를 가진 반항아의 말**

● 남들이 뭔가를 하라고 하면 반사적으로 "싫어!"라고 한다.

- 누군가 나에게 지시한다고 느낄 때 화를 낸다.
- 권위적인 사람과 잘 지내지 못한다.

태웅 씨는 화를 새로 배워가야 했다. 습관처럼 분노의 버튼을 누르기 전에 '화를 알아차리는 연습'이 필요하다. 물론 감정의 기본 설정값은 그 감정을 터트려온 세월만큼이나 쉽게 바뀌지 않는다. 분노 발화점이 낮아서 쉽게 자극되기 때문이다. 그러나 감정을 인식할수록 우리 선택권은 넓어진다. 감정을 쏟아내기 전에 느끼는 법을 알면 터트리지 않을 수 있다.

또한 '바르게 요구하는 연습'도 필요하다. 내 주도권을 보여주기 위해 소리를 지르고 물건을 던지는 방식은 도움이 되지 않는다는 것을 알아야 한다. 아내는 적이 아니라 같은 팀이므로 자신이 원하는 것을 말하고 함께 조율하는 대화를 익혀야 한다.

태웅 씨는 자신도 복종 시나리오에 갇혀 있다는 것을 깨달았다. 자기감을 되찾기 위해 선택했던 반항 정신이 현재에는 아무 도움이 되지 않는다는 것을 받아들였다. 더딘 걸음이지만, 어린 아들만큼은 자신과 같은 삶의 덫에 걸리지 않게 하겠다는 결심을 매일 되새기면서 새로운 시나리오를 써나가려 노력하는 중이다.

# 책임감과 죄책감에 시달리는
# 사람들의 희생 시나리오

**너무 일찍 철들어버린 사람들** ───────

내가 즐겨 보는 TV 프로그램 〈요즘 육아, 금쪽같은 내 새끼〉에
는 다양한 가족의 여러 육아 고민이 등장한다. 유치원에 안 가려는
아이, 엄마 배꼽에 집착하는 아이, 사회성 발달에 어려움을 겪는
아이 등에게 전문가의 처방이 더해지는 형식이다. 그중에서 너무
일찍 철들어버린 열 살 여자아이 이야기를 하고 싶다.

관찰 카메라에 찍힌 아이의 행동은 여느 또래와 달랐다. 맞벌이
로 바쁜 부모를 대신해서 동생들을 돌보는데 그 모습이 '어린 엄
마' 같았다. 밥을 남기지 말라고 단속하는 말을 하거나, 시계를 확
인하면서 간식을 정각에 맞춰 준비하는 행동이 전혀 어수룩하지
않았다.

화면 밖에서 들려오는 아이의 말에는 '자신에 관한 것'이 없었다. 기껏해야 초등학교 3학년인데 감정 표현도 하지 않았고, 부모에게 무엇을 요구하는 말도 일절 없었다. 그저 동생들을 챙기고 가족을 위해 부탁하는 말이 전부였다.

엄마가 쉴 때면 "조용히 좀 해줘. 엄마는 쉬어야 한단 말이야"라고 동생들을 달랬다. 어린 딸은 아픈 엄마가 늘 걱정이어서 그렇다. 열심히 그려놓은 그림을 동생이 찢어도 짜증 한 번을 내지 않았다. 시끄러운 문제를 만들면 엄마만 힘들어지니까 한숨으로 삼켜버리고 만다. 아이는 시간을 건너뛰어 자라는 듯했다.

"착하네", "기특하다"라고 말하는 패널들과 달리 전문가는 심각한 표정을 지었다. 아이가 감정을 지나치게 참는 것, 자기 권리를 쉽게 양보하는 것에 주의했다. 함께 나누고 양보하는 것도 아이에게 가르쳐야 하지만, 그보다 먼저 가르쳐야 하는 것은 '소유'라고 강조했다.

전문가는 이 가족에게 '솔까말' 처방법을 내놓았다. 아이가 자신의 감정과 욕구를 솔직히 까놓고 말하도록 도와야 한다는 것이다. 특히 아픈 엄마를 상실하게 될까 봐 두려워하고 있기 때문에 그 민감한 마음을 표현할 수 있도록 말이다.

나는 어릴 적부터 '애어른'으로 자라온, 너무 빨리 철들어버린 사람들을 많이 본다. 앞에서 얘기한 여자아이를 '부모화된 아이'라고도 부르는데, 이런 아이들은 가정에서 자녀가 아닌 부모와 같은 역할을 떠맡는다.

대개 건강한 가정에서는 부모와 자녀의 역할이 따로 있고 그 경계가 분명하다. 이것은 친밀감과는 다른 개념이다. 정서적으로 가깝다고 해서 부모가 자녀의 역할을 대신하지 않고, 자녀도 부모의 기능을 수행하지 않는다. 부모는 지붕과 기둥의 역할을 하고, 자녀는 그 아래에서 안전하게 제 시간을 충분히 누리며 자란다.

그러나 부모가 무기력하고 나약하면 가족의 경계와 역할에 혼선이 생긴다. 아이를 보호하고 지원해야 할 의무가 있는 어른이 아이를 방치하거나, 자신의 힘든 감정을 아이에게 쏟아내면서 심리적으로 의지하게 되는 것이다. 그러면 어떻게든 가족을 지켜내고 싶은 아이가 기꺼이 부모를 대신해 기둥도 지붕도 되어주기로 결심한다.

그런 아이가 어릴 적에는 부모의 '정서적인 위로자'로 그 곁을 지킨다. 부모가 자신조차 버거워 감당하지 못하는 감정들을 아이에게 쏟아내면 아이는 그런 어른의 마음을 헤아리려고 애쓴다. 인생이 얼마나 초라한지, 그런 나를 위해 네가 어떻게 해야 하는지 말하고 또 말하면 그 옆에서 아이가 고개를 끄덕이고 또 끄덕인다.

위로자 역할에 충실했던 아이는 '해결사'로 자란다. 가족의 평화유지군이 되거나, 부모 대신 아픈 손가락인 형제자매를 뒷바라지한다. 일찌감치 가족의 생계를 책임지고, 크고 작은 금전 문제를 감당한다. 웃지 못할 말로 '가족 ATM'이라고도 불린다. 이들은 가족을 위해 자신의 감정, 시간, 노동을 희생하는 것에 익숙하다.

그러나 특정 개인을 희생해서 가정이라는 생태계를 유지하는 것은 바람직하지 않다. 우선 한 사람이 온전히 자기 자신이 되는 것을 포기해야 한다. 그런 사람은 "나는 누구지?", "내가 원하는 것이 뭐지?"라고 스스로 질문하는 법을 배우지 못하기 때문이다.

정체감이란 각 시기에 요구되는 경험의 계단을 차근차근 오르면서 만들어진다. 신뢰와 불신, 자율과 억압, 자신감과 열등감, 친밀감과 고립감 같은 인생의 중요한 과제들을 하나씩 해결해가면서 빛과 어둠을 오가는 자신만의 탐험 여행에 오를 때 형성되는 것이다.

밖으로 서둘러 자라는 데만 힘을 쏟으면 안에서 보내오는 신호들을 놓친다. 그렇게 내면의 감정을 자연스럽게 무시하고, 고유의 강렬한 욕구와 소망을 가져보지 못한다. 다른 사람들의 불편함을 해결하느라 나는 늘 우선순위에서 밀려난다.

그러나 생명은 나이테와 상관없이 정서적으로 관심과 돌봄이 필요하다. 애어른으로 자라온 사람들은 그런 관심과 돌봄이 어색하고 불편하기만 하다.

그래서 정체감이 흐려지면 진정한 의미의 친밀감을 만들기도 어려워진다. 관계는 거울 속 나와의 대화에 토대한다. 스스로를 있는 그대로 존중해본 적이 없으면 상대와 동등한 관계를 만들지 못할 수밖에 없다. 항상 자신이 뭔가를 더 해야 할 것 같은 압박을 받는다. 상대가 바라지 않는 희생을 자처해서 억울해질 수도 있고, 희생을 당연하게 여기는 무례한 사람을 만나게 될 수도 있다.

어른이 되어서야 알았지만, 빨리 철든다는 것은 참 서글픈 일이다. 아이가 어른의 마음처럼 굴 때 기특하다고 박수 칠 일은 아닌 것이다. 손이 덜 가는 아이 덕분에 부모의 하루는 덜 고될 수 있겠지만, 아이의 마음 세계는 축소된다. 마땅히 누려야 할 것들을 포기하게 되기에 그렇다.

언젠가 그것을 깨닫게 되면 때늦은 허망함에 휘청거릴지 모른다. 지금까지 누구의 인생을 살았느냐면서 억울함에 가슴을 친다. 그도 아니면 평생 "나는 어떤 인생을 살고 싶은가?"라는 물음에 답 한번 해보지 못할 수도.

**모든 일을 책임져야 할 것 같다면** ─────

교민 씨는 아내와의 관계를 회복하고 싶다면서 코칭을 신청했다. 결혼 삼 년 차인 그는 아내에게 "당신 속을 도무지 알 수가 없어서 답답하다"라는 말을 자주 듣는다. 평소에도 마음을 잘 표현하지 못하는 편인데, 특히 갈등이 생겼을 때 어떻게 대화를 이어가야 할지 어려워했다.

며칠 전에도 부부 싸움이 있었다. 수술을 앞둔 어머니의 병원비를 두고 말이 오갔다. 아내는 남편의 형제들과 나누어서 책임져야 한다고 말했다. 그러나 교민 씨는 동생들이 그럴 형편이 아닌 것을 안다. 그저 가족끼리 큰소리를 내지 않고서 해결하고 싶었다.

"그래서 아내에게 뭐라고 말했어요?"

"그냥…… '내가 알아서 할게'라고 한 것 같아요."

"아내가 그 말에 어떻게 반응하던가요?"

"항상 혼자 알아서 하느냐고, 그럴 거면 결혼은 왜 한 거냐고…… 늘 이렇게 이어지거든요."

"그런 아내를 보면서 어떤 감정이 들었나요?"

"당황스럽고 미안하고 속상했던 것 같아요."

"그런 감정을 표현하면 도움이 되었을 텐데요."

"그런 걸 표현하는 것은 저한테 너무 어려운 일인데요……."

교민 씨는 감정을 표현하는 일이 불편하다. 정확하게는 자신이 감정을 느끼며 사는지도 잘 모르겠다고 얘기했다. 물론 누구에게서도 감정을 표현하도록 격려받아본 적이 없었다. "나는 지금 ○○한 기분을 느껴"라는 말은 어쩐지 나약해 보인다. 어리광을 부리는 것만 같다.

"그때 교민 씨가 원한 것은 무엇이었나요?"

"아내가 화내지 않는 것이죠."

"그렇죠. 아내가 화내지 않기를 바라는 것은 나의 어떤 욕구 때문이잖아요. 그때 교민 씨가 어떤 욕구를 느꼈는지 알고 싶어요."

"음…… 아내와 좋은 관계를 만들고 싶은……."

"네, 아내와 좋은 관계를 만들고 싶었군요. 만약 그런 교민 씨의 욕구를 있는 그대로 아내에게 말한다면 어떨 것 같아요? '내가 알아서 할게' 대신에 그 말을 했다면요?"

"좋은 관계를 만들고 싶다고요?"

"네, 그래요."

"그런 말을 직접적으로 해도 되는 건가요?"

교민 씨는 자기 욕구를 드러내는 연습을 할 때마다 "이런 걸 대놓고 말하는 사람들도 있어요?"라고 물었다. "어떤 가정에서는 식탁 앞에서, 침대 위에서 날마다 이런 대화가 오가는데요"라고 대답하면 머리를 도리도리 흔들었다. "당신에게 존중받고 싶어. 그런 말을 들으면 속상하거든"이라고 말해보자고 하면 마치 외국어처럼 느껴진다고도 했다.

## 당신은 '인에이블러'인가?

교민 씨는 두 동생을 둔 장남이다. 어릴 적부터 아버지의 외도 때문에 부모님이 자주 싸웠다. 결국 아버지는 집을 나갔고, 어머니는 가정을 지켰다. 어머니는 다소 예민한 편이었는데 불안할 때면 장남을 붙잡고서 꼬인 감정들을 풀어내곤 했다. "나는 너희 때문에 목숨을 붙여두고 산다"라는 말도 잊지 않았다.

이런 경우에 대개 장남이 아버지 역할을 이어받는다. 슬퍼하는 엄마를 위로하고, 동생들을 가르치고, 가정의 생계와 안녕을 책임진다. 물론 그럴 수 있다. 문제는 자기 가정을 꾸린 이후에도 여전히 원가족의 해결사 노릇을 하고 있다는 것이다.

어머니는 장남에게 전화해서 자주 울며 하소연을 한다. 그러면 해결사인 교민 씨가 그 이야기를 들으면서 달래주고, 다음 날 찾아간다. 그러고 나면 꼭 돈 문제로 이어진다. 원가족의 집을 고치거나 각종 고지서를 메꾸고, 어머니의 보약을 지어드린다. 동생들은 여전히 안정적인 직업을 가지지 못했다.

사실 아내도 연애할 때는 남편의 책임감에 큰 매력을 느꼈다. 친정아버지와 다르게 믿음직스러워 보였으니까. 그러나 갈수록 감정을 드러내지 않는 남편에게 정서적인 거리감이 느껴졌다. "안 돼요", "못 해요"를 말해야 하는 상황에서도 말하지 못하는 남자를 더 이상 신뢰하기 어렵다고 말이다. 가정에서도 회사에서도 뭐든지 '컨트롤'하려는 남편이 답답하고 피곤하게 느껴질 뿐이다.

교민 씨는 "제가 없이는 안 돌아가니까요"라는 말을 자주 사용했다. "제가 챙겨야 해서요"라는 말도 마찬가지다. 그러다 문제가 생기면 '나 때문에 그런가?'라는 생각이 가장 먼저 들었다. 제대로 컨트롤하지 못한 자신에게 죄를 묻는 것이다.

책임은 필요하다. 그러나 각자의 몫을 잘 구분해야 한다. 지나친 책임 의식은 과도하게 통제하도록 만든다. 자신이 사전에 손을 쓰면 문제를 막을 수 있을 것이라는 착각에 빠지게 되기 때문이다. 선을 넘은 책임감은 수시로 자신을 죄책감의 늪에 빠트린다.

강력한 해결사 한 사람이 모든 일을 처리하면 나머지 가족들에게도 부정적인 영향을 미친다. 의도한 것은 아니지만 주변 사람들을 무기력하게 만든다. 이런 사람들을 '인에이블러enabler'라고 일컫는다. 자신은 도와주고 있다고 생각하지만 결국 망치고 있다는 뜻으로 사용되는 용어이다.

교민 씨는 형으로서 동생들의 아버지 노릇을 하고 싶었을 것이다. 그러나 동생들이 경제적인 책임을 져야 하는 어른으로 성장하지 못하도록 악영향을 미치고 말았다. 동생들은 급할 때면 형에게 손을 내밀기부터 했다.

어머니는 불행한 결혼 생활을 정리하고 혼자 사는 법을 배웠어야 한다. 재혼을 하거나, 자녀들을 돌보면서 기쁨을 찾거나, 자기 정원을 가꿔나갔어야 한다. 그러나 큰아들에게 위로자와 해결사 역할을 제공받음으로써 그럴 필요를 느끼지 못했다.

『나는 내가 좋은 엄마인 줄 알았습니다』의 저자 앤절린 밀러 Angelyn Miller는 자신을 '인에이블러' 엄마이자 아내라고 고백한다. 그러면서 "어떤 고난이나 장애를 껴안든 간에 사람들은 그것에 대처할 자기 나름의 개인적인 수단을 개발할 기회를 얻어야 한다"라고 말한다. 누군가 대신해줌으로써 그 기회를 빼앗으면 안 된다고 말이다.

교민 씨는 새로운 역할을 배워가야 한다. 동네방네에서 찾는 해결사이기를 그만둬야 한다. 우리는 특정 배역을 맡기 위해 태어난 것이 아니다. 그저 나로 살면서 다양한 역할을 해내는 것이다. 동시에 지나친 희생정신에서 벗어나야 한다. 모든 일을 자기 책임으로 연결하고, 그로 인한 죄책감을 느끼고 싶지 않아서 또다시 모든 일을 통제하려는 패턴에서 빠져나올 필요가 있다.

교민 씨 부부는 진짜 대화를 나누고 싶어 했다. 이때 대화가 된다는 것은 '문제를 해결한다'는 의미가 아니다. 한 사람이 주고, 다른 한 사람은 받는 것도 아니다. 문제를 해결해가는 과정을 나누는 것이다. 슬픔과 외로움과 기쁨을 공유하고 눈물과 위로가 흐르게 하는 것을 뜻한다.

교민 씨의 말처럼 외국어를 연습하듯이 말도 연습해야 한다. 슬픔과 좌절을 드러내도 된다는 것을 배우고, 그것을 위로받는 경험을 해야 한다. 사람과 사람 사이에 마음을 나눈다는 것이 무엇인지 다시 정의해야 한다.

## 희생 시나리오를 가진 사람들

교민 씨의 삶을 지배해온 시나리오를 '희생 시나리오'라고 할 수 있다. 희생 시나리오를 가진 사람들은 대체로 가까운 사람들을 돌보는 역할을 맡는다. 자신이 그들의 문제를 해결하고 결과를 책임져야 한다는 믿음을 지니고 있다.

그들을 움직이는 감정은 죄책감이다. 죄책감을 느끼고 싶지 않기 때문에 주변을 통제하고 싶어 하며, 뜻대로 되지 않으면 자신을 탓하는 경향을 보인다. 어떤 사람들은 유난히 남들의 고통에 민감하다. 그것을 지켜보는 것보다 차라리 자기가 움직이는 편이 낫다고 느낀다.

이들은 주변의 신뢰 속에서 능력을 인정받는 경우가 많다. 다른 사람들의 도움을 받지 않아도 혼자서 척척 잘해내기 때문이다. 힘들고 약한 모습을 보이지 않으므로 주변에서도 믿음직스럽게 여기면서 의지한다. 스스로 자부심이 높은 경우도 많다.

그러나 책임감이 과도해서 자신을 방치한다. 타인의 요구에 치여서 나를 돌보지 못한다. 인간이라면 누구나 느끼는 슬픔, 외로움, 고독, 연약함 같은 감정을 돌볼 사이가 없다. 한계도 없이 무리하면 탈이 나는 것은 당연한 이치다.

또 앞에서 말했듯이 주변 사람들을 점점 의존적으로 만든다. 스스로 짊어져야 할 무게를 자꾸 덜어주면 정작 그들은 삶의 근력을 키우지 못한다. 고마운 것도 한두 번이다. 반복되면 그에게 고마워해야 할 일이 그의 당연한 의무로 변질되어버린다. 의존을 조장하는 사람과 의존에 길들여진 사람의 관계가 되고 만다.

**희생 시나리오를 가진 사람들의 말**

- "내가 해결할게"라는 말을 자주 한다.
- "할 수 없다"라고 말할 때 죄책감을 느낀다.
- "힘들다", "외롭다"라는 말을 해본 적이 없다.
- "나를 위해 ○○해줘"라고 요청하는 말을 힘들어한다.
- 자신에게 공감하고 위로하는 말을 누군가 건네면 어색해한다.

희생 시나리오는 동기의 측면에서 복종 시나리오와는 출발이 다르다고 이해하면 된다. 강제적이라기보다는 자발적이다. 자신이 이렇게 다른 사람들을 돌보고 주변을 살피는 것은 그만큼 능력이 있고 강하기 때문이라 생각한다.

그러나 그 이면에는 그렇게 해서라도 인정을 받고 싶다는 욕구가 숨어 있다. 자신이 필요한 사람임을 증명하고 싶어 한다. 또한 마음 깊숙이 정서적인 결핍을 경험한다. 희생 시나리오를 가진 사람들은 어릴 적부터 만족할 만큼 어리광을 부리지 못했다. "못 하겠어", "무서워", "두렵다니까"라며 뒤로 숨고 싶은 아이 같은 마음을 누구도 충분하게 돌봐주지 않았기에 여전히 속이 텅 비었다.

그들에게는 역할을 수행하는 것보다 다른 사람들과 관계를 맺는 경험이 시급하다. 그러기 위해서는 먼저 나 자신과 정서적인 관계를 맺을 수 있어야 한다. 그동안 억압했던 감정과 욕구를 느끼고 드러내는 연습이 필요하다.

관계에서는 무엇이든 오고 가야 한다. 당신을 하나도 보여주지 않으면 사람들이 당신 곁에 다가올 수가 없다. 당신이 무엇을 느끼고 원하는지, 어떤 생각을 하는지 알아야 사람들은 당신의 인간적인 면을 경험할 수 있다. 가려진 개인 정보들이 공개돼야 당신도 공감받고 위로를 나눌 수 있다.

또한 기존 관계들의 거리감도 다시 조절해야 한다. 한두 발짝 물러설 관계, 먼저 나서지 말고 기다려야 할 관계, 그만 주고 이제 받아야 할 관계 등으로 조율해보는 것이 좋다. 받는 기쁨과 소유의 만족감을 느끼는 경험은 당신만의 영역을 되찾는 데 도움이 된다.

# 남들에게 주목받고 싶은 사람들의
# 인정 시나리오

**죽어라 일하는 이유** ————

사십 대 중반인 종선 씨는 얼마 전에 팀장으로 승진했다. 그는 회사 업무에 늘 열심이었지만, 이번에는 거의 모든 전투력을 쏟아 부었다 해도 과언이 아니다. 그런데도 결과는 만족스럽지 않았다. 첫해 리더십 평가에서 팀원들에게 "아직 일을 이해하지 못하고 있다", "팀원들과 융합이 안 된다"라는 피드백을 받은 것이다. 종선 씨의 상사가 그를 불러서 말했다.

"자네 능력은 내가 익히 알고 있지. 그런데 왜 그것만 자꾸 보여주려고 하는가? 팀장이 되면 이제 사람들이 일하도록 해야 하지 않겠어?"

종선 씨는 속상하고 화가 났다. 내 능력을 보이지 말라니, 직원들이 일하도록 하라니 혼란스럽기만 했다. 지금까지 이렇게 일해 왔는데 이제 와서 나보고 어쩌란 말인가 싶었다. 그런 피드백을 받았을 때 어떤 느낌이 들었냐고 내가 묻자 종선 씨는 이렇게 대답했다.

"이건 말도 안 돼요. 누구보다 열심히 죽어라 일했다고요! 그들이 텃세를 부리는 거예요. 아직 사람을 몰라보는 거죠."

다른 사람들이 문제라는 반응이었다. 그들이 일을 제대로 할 줄 모르고, 아직 인물을 평가할 만한 수준이 못 된다고도 했다. 또 예전에 자신이 얼마나 화려한 스포트라이트를 받으며 일했는지 충분할 때까지 거듭 말했다.

인정 욕구는 누구에게나 중요하다. 내가 이룬 일에 대해 다른 사람들이 엄지를 치켜올려주면 기분이 좋아지고, 몰라주면 서운하고 원망스러운 마음이 들기 마련이다. 그러나 종선 씨는 타인의 인정에 너무 많은 것을 내건 사람 같았다. 마지막 올림픽 출전을 앞둔 노장 선수처럼 절실하고 비장했다.

종선 씨는 하루 중 대부분의 시간을 일하는 데 쓴다. 특별한 일이 없으면 주말에도 출근한다. 불면증으로 새벽에 눈을 뜨는 일이 잦고, 그럴 때면 바로 노트북을 켜고 일을 시작하는 식이다. 개인적으로 만나는 사람도 별로 없다. 취미도 없고, 운동도 하지 않는다. 대신 위장 장애, 두통, 허리 통증 같은 만성 통증을 달고 산다.

이렇게까지 애를 썼는데 종선 씨는 주변 사람들의 부정적인 평가를 받고 얼마나 놀랐을까. 잃어버린 평판을 되찾기 위해 얼마나 더 고군분투했을까. 그런데 현재 상황을 바꾸기 위해서는 더욱 열심히 노력하는 것이 아니라 그 노력을 멈추거나 노력의 방향을 바꿔야 할 때가 있다. 어쩌면 지금이 바로 그때인지 모른다.

**타인의 환호와 박수가 끝나고 나면** ────

"종선 씨는 무엇에 화가 났나요?"

"제 노력을 인정받지 못한 것에 대해서죠."

"노력했는데 인정받지 못하면 속상하고 화나죠. 그런데 종선 씨는 마치 거기에 인생 전부를 건 사람처럼 보여요."

"네…… 맞아요. 저는 항상 물러날 곳이 없었습니다."

"물러날 데가 없다고 느꼈군요. 지금 자리를 잃어버리면 어떤 일이 일어날까요?"

"그런 생각은 해본 적이……."

"지금 자리가 영원하기를 바라는 것 같아요. 종선 씨가 정말로 확인하고 싶었던 것은 무엇일까요?"

"제 쓸모…… 제 존재에 대한 인정요."

종선 씨는 "제가 왜 그리 인정에 목매는지 모르겠어요"라면서 가족 이야기를 시작했다. 어머니는 늘 "우리 큰아들, 큰아들" 했다. 형은 '먼저 태어났다는 이유'만으로 어머니에게 엄지손가락이었다. "형만 한 아우 없다"는 말을 종선 씨 앞에서 자주 했다.

반면에 아버지는 둘째인 자신을 더 예뻐해줬다. 종선 씨는 "아버지는 자식이라도 실력 있는 사람을 좋아했어요"라고 말했다. 그가 형보다 더 좋은 성적을 받고 각종 대회에 나가서 상을 받아 오면 아버지는 기뻐했다.

종선 씨는 아버지가 좋아할 만한 자격을 갖추고 그 대가로 따뜻한 눈길을 받았다. 형 모르게 아버지가 쥐여주던 선물은 더없이 특별했다. 그렇게 비슷한 방식으로 명문대에 가고, 대기업에 취업하고, 빠른 승진을 하고, 좋은 아파트와 자동차를 사면서 자기 존재감을 확인해온 그였다.

트로피를 손에 쥐게 되면 종선 씨의 마음은 좀 편안해졌을까? 남들에게 보여주기 위한 성취에 집착할수록 정서적인 결핍을 느끼는 경우가 많다. 내 안의 것을 소진하여 겉모습을 화려하게 치장하기 때문이다. 환호와 박수가 끝나고 나면 오히려 외로움과 허무함이 더욱 짙어질 수 있다.

종선 씨도 자주 우울하고 불안하며 절망감을 느낀다고 말했다. 원하던 것을 얻고 나면 잠깐은 만족감과 자신감을 느낄 수 있지만 이내 사그라든다. 고요한 시간을 음미하는 방법을 잊어버린 지도 오래됐다. 가족과 함께 있어도, 좋아하는 사람들과 시간을 보내도 온전하게 집중하기 어려웠다.

타인이 나를 인정해줄 때 비로소 가치 있는 사람이 된다고 믿으면 끊임없이 남들이 비춰주는 빛을 찾아다닌다. 이런 경우 상대의 평가에 집착적으로 반응하게 될 수밖에 없다. 실수나 실패에도 유연하게 반응하기 어렵다. 그저 억울하고 화가 날 수밖에.

리더십 평가가 좋지 않았을 때 인생 전체를 부정당한 느낌이 들 수 있다. 그래서 자신을 더 이해하려고 노력하기보다는 남을 비난하거나 그 상황을 회피하려 한다. 혹은 반전을 꾀하기 위해 또다시 효과적이지 않은 방식을 고집할 가능성이 높아진다.

나는 종선 씨에게 말했다.

"종선 씨는 인정의 동아줄에 매달려 있는 것처럼 느껴져요. 힘겹고 위태로워 보여요. 계속 매달려 있고 싶은 곳인지 생각해봐야 해요. 그리고 또 다른 동아줄이 필요합니다. 종선 씨가 균형감 있게 매달릴 수 있도록요."


### 모두에게 사랑받을 수 있다는 환상

호영 씨는 작은 사업체를 운영하고 있다. 직원들과의 사소한 일들로 자주 상처를 받는다면서 코칭을 신청했다. 특히 직원들이

'불만'을 얘기할 때 여유 있게 받아내기가 힘들고, 누군가 회사를 그만두기라도 하면 엄청난 슬픔과 불안에 빠졌다.

"그렇게 잘해줬는데…… 왜 떠나는 걸까요?"

"내가 실망시킨 것은 아닐까요?"

"그럴 때면…… 혼자 남겨진 어린아이 같은 마음이 들어요."

호영 씨에게는 모든 사람이 자신을 좋아하기를 바라는 마음이 산다. 그래서 사람들에게 호감을 사기 위해 무리한 노력을 한다. 직원들을 기쁘게 할 만한 일을 찾아서 하고, 그 마음을 상대가 몰라주면 아이처럼 슬퍼한다.

누군가 자신에게 실망하고 돌아설까 봐 걱정한다. 사람들과의 관계가 좋을 때는 유능감과 효능감을 느끼기도 하지만, 반대로 갈등이 생기면 별안간 나락으로 떨어진다. 나를 미워하지 않을까 전전긍긍하면서 속을 앓는다. 보통의 타인지향 시나리오를 가진 사람들처럼 자기감과 자존감이 다른 사람들의 반응에 크게 좌우된다.

사람들이 회사를 그만두는 이유가 리더 때문일 수도 있지만 그렇지 않을 수도 있다. 직원들의 말대로 아버지가 아프거나, 잠시 쉬고 싶거나, 다른 일을 해보고 싶어서일 수도 있다. 그러나 호영 씨는 일단 자기 때문이라고 받아들인다. 내가 싫어서 그런 것이라고.

호영 씨에게는 어린 시절에 별다른 외상성 기억은 없었다. 다만 호영 씨가 충분하다고 만족할 만큼의 인정과 수용을 경험하지 못했다. 어릴 때부터 언니들과 다르게 예민하고 유별나다는 말을 많이 들었다.

예를 들어 호영 씨는 감수성이 풍부한 만큼 신체감각도 민감했다. 가족과 함께 여행을 갈 때면 잘 먹지 못하고 잠자리를 뒤척거렸다. 그럴 때마다 무난하고 털털하게 구는 언니들과 달라서 까다롭다는 눈총을 받아야 했다.

또 초등학교 3학년 때 전학을 한 적이 있었다. 친구들과 헤어지는 일이 호영 씨에게는 퍽 힘들었다. 종종 우울해했고, 새로운 곳에서도 적응이 느렸다. 상대적으로 회복이 빠른 언니들 사이에서 호영 씨에게 뭔가 문제가 있는 것처럼 느껴졌다. 가족들이 "너는 어쩌면 그러니!" 할 때마다 '혼자인 느낌'을 받았다.

코칭을 진행하던 중에 일어난 에피소드이다. 호영 씨가 언니네 가족들과 평범한 주말을 함께 보내고 있을 때였다. 건너편에서 놀고 있는 조카를 보면서 언니가 말했다.

"아이가 좀 유별나……. 힘들어죽겠어."

그 말을 듣자 호영 씨는 자신도 모르게 불쑥 맞받아치게 됐다.

"언니, 유별나긴 뭐가 유별나! 걔가 그렇게 태어나고 싶어 했어? 그냥 사람마다 다른 거지. 언니는 엄마잖아. 엄마는 그게 이상

한 게 아니라 그럴 수 있는 거라고 받아줘야지!"

언니는 좀 당황한 듯 보였지만 그럭저럭 다음 대화로 이어졌다. 호영 씨 역시 방금 자신이 한 말에 놀랐다. 어릴 적부터 듣고 싶던 말이 "지금 모습 그대로 괜찮아", "사람은 다 달라. 다른 모습대로 특별한 거지"였음을 깨달았다.

호영 씨는 그 이야기를 하면서 많이 울었다. 자신이 뭐가 그렇게 유별난 것인지, 왜 가족들은 있는 그대로의 자신을 받아주지 못했는지 슬퍼했다. 한 사람이라도 자신을 충분히 수용해줬으면 해결됐을 일을, 다 큰 어른이 되어서 모든 사람의 사랑을 받으려고 애쓰는 자기가 측은하다고 했다.

다른 사람의 인정을 추구하는 사람들은 정서적인 결핍을 가지고 있는 경우가 많다. 호영 씨가 그랬듯이, 있는 그대로의 모습으로도 받아들여졌다고 느껴본 적이 없기 때문이다. 그러나 다른 사람을 만족시키기 위해 자신을 그 사람에게 맞추어 바꾸는 일은 불만족, 허탈감, 공허감을 가져올 뿐이다.

사람은 자신의 진정한 감정을 표현하고 본래 성향대로 행동할 때 편안하고 행복하다. 자신을 충분히 이해하고 내면의 진실에 따라 살아갈 때 자연스러워진다. 그렇게 살려면 모두에게 사랑받을 수 있다는 환상부터 버려야 한다.

타인의 승인에 목을 빼고 살아가면 거짓 자기감이 만들어진다.

다른 사람이 좋아하고 기대하는 바람대로 완성된 정체감은 실제의 내가 아니다. 실체가 없이 사람들과 대화하고 관계를 맺으면 불안하고, 더 조급하고, 외로워질 수밖에 없다.

## 인정 시나리오를 가진 사람들

종선 씨와 호영 씨 모두 '인정 시나리오'를 가진 사람들이다. 공통적으로 자신의 핵심적인 정서 욕구를 충족하지 못하고, 다른 사람들의 인정과 승인을 얻는 것을 지나치게 중요하게 생각하는 특성을 보인다.

그러나 겉으로 보이는 양상에는 다소 차이가 있다. 먼저 종선 씨처럼 타인의 감탄과 칭찬을 얻기 위해 인정을 추구하는 사람들이 있다. 그들은 "와! 대단하다, 최고야" 같은 말을 듣고 싶어 한다. 지위, 외모, 돈, 성취처럼 남에게 보여주기 좋은 것들에 삶의 기준이 쏠려 있는 모습을 보인다.

때론 과도하게 자랑하는 인상을 주기도 한다. 자신을 드러내느라 상대의 감정이나 욕구를 살필 여력이 없다. 대화가 일방적으로 흘러가기 쉽다. 상대는 거만하고 자아도취에 빠진 사람이라 느낄 수 있다.

한편 호영 씨처럼 모든 사람이 자신을 좋아해주기를 바라는 모습으로도 나타난다. 누군가 자신을 받아들이고, 안아주고, 한편이 되어주는 느낌을 지속적으로 받고 싶어 한다. 반대로 누군가 떠나거나 거리를 두려고 할 때는 정서적으로 큰 타격을 입고 자기감에 부정적인 영향을 받는다.

주변 사람들에게는 호감 가는 사람으로 비칠 수 있다. 언제나 상냥하고 친절하게 배려하기 때문이다. 그러나 관계에서 갈등은 필수 옵션이자, 더 깊은 관계로 진입하는 계기가 된다. 누군가는 서운하다고 등을 돌릴 수도 있고, 기대와 다르다며 떠나갈 수도 있다.

그 사실에 충분히 속상해하고 슬퍼하는 것, 그러면서도 받아들여 새롭게 배워나가는 것이 건강한 자기감을 가진 사람의 특징이다. 그러나 인정 시나리오에 갇힌 사람들은 작은 갈등에도 회피하거나 과하게 반응하여 오히려 관계를 해친다.

인정 시나리오를 가진 사람들의 말

- "잘한다", "역시 대단해" 같은 말을 듣지 못하면 불안하다.
- 스스로를 뽐내기 위한 말과 행동을 보인다.
- 외모, 돈, 성공, 지위 등에 대해 자주 언급한다.
- "나는 네 편이야", "네가 좋아"라는 말을 듣기 위한 말과 행동을 한다.
- 타인의 무관심과 비판의 말에 더 강하게 반응한다.

인정 시나리오를 가진 사람들은 관계를 조건적으로 바라본다. 있는 그대로 받아들여진 경험은 부족하고 무엇을 더 잘할 때, 착하고 너그러운 태도를 보일 때 관계를 지킬 수 있다고 믿기 때문에 그들의 말에서도 조건적인 믿음이 뚜렷하게 엿보인다. 특히 그들의 혼잣말에서 자주 발견된다.

"내가 이것을 해내야 사람들이 인정해줄 것이다."
"내가 실패하면 사람들이 나에게 관심을 가지지 않을 것이다."
"사람들에게 주목받지 못하면 실패한 인생이 될 것이다."

자기감이란 '내가 나를 어떻게 인식하고 있느냐'의 문제이다. 이때 자기감의 자원들이 내면에 존재하지 않는다면 인생이 상당히 고단해진다. 내 안에서 기쁨과 보람, 감사와 평안, 행복과 만족감을 만들 수 없다면 끊임없이 밖에서 공급받아야 한다. 외부 상황에 따라 자존감이 쉽게 오르락내리락할 수밖에 없다.

주변에 유능해 보이는 사람들 중에는 인정 시나리오를 가진 사람이 많다. 그만큼 이 시나리오는 상당히 매력적이다. 때때로 보상이 뒤따르기 때문이다. 또한 중독적이다. 그 보상에 따른 만족감이 일시적이기 때문에 더욱더 강렬한 성공과 인정에 목매달게 된다.

그러나 인생에는 타인과의 경쟁에서 이겨야 하는 달리기 종목만 있는 것이 아니다. 도쿄올림픽 양궁 3관왕에 빛나는 안산 선수는 이런 말을 했다.

"양궁의 매력은 남들과 경쟁하지 않고 자기 경기를 할 수 있는 것이에요. 그저 자기 과녁만 보면 되니까 좋아요."

삶도 비슷하다. 최고 자리에 올라서 박수갈채를 받아야 하는 경기도 있겠지만, 자기 혼자 등판하는 경기도 치러야 한다. 그러기 위해서 가장 먼저 해야 할 일은 자신만의 과녁을 만드는 것이다. 무엇에 점수를 줄 것인지도 직접 선택해야 한다.

인정과 승인에 집착하는 것은 타인의 과녁에 활을 쏘는 일과 같다. 죽어라 맞혀봤자 내 과녁에는 아무것도 남지 않는다. '내가 지금까지 무엇을 좇아서 여기까지 왔나?' 하게 될 수밖에 없다. 우리가 맞히려 애쓰는 그것이 누구의 과녁인지 눈을 크게 뜨고 제대로 다시 봐야 한다.

# 나 자신에게 가장 혹독한 사람들의
## 결함 시나리오

**내가 문제라는 느낌** ———

"저는 도대체 왜 이럴까요?"

서영 씨는 사람들과 대화할 때 종종 얼어붙는다며 찾아왔다. 대화를 잘하다가도 갑자기 '도대체 뭐라고 말해야 할지' 모르는, 그저 멍한 상태가 되곤 했다. 주변의 눈치를 너무 보기 때문인 것 같다고 설명을 덧붙였다. 서영 씨는 말하는 방법을 배워서 편안하고 재치 있게 말을 받아내는 사람이 되고 싶었다.

"구체적으로 언제 그런 경험을 하시나요?"

누군가의 말을 이해하고 싶다면 구체적인 상황에서 드러나는 얼굴을 만나야 한다. 서영 씨는 내 질문에 몇 가지 에피소드를 쏟아냈다. 다음은 그중에서 얼마 전에 만난 친구와의 대화를 옮긴 것이다.

> 친구 : 어떻게 지냈어? 너는 요즘 전화 한 번을 안 하더라. 나는 얼마 전
> 에 회사를 옮겼어.
> 서영 : 응? 그랬구나……. (너도 전화 안 했는데……)
> 친구 : 괜찮아. 바쁘면 그럴 수 있지.
> 서영 : 으응……. (뭐야…… 진짜 괜찮다는 거야? 어쩌지……)

친구가 갑자기 건넨 말 한마디에 서영 씨는 얼음이 된다. 머릿
속에는 '괜히 만났어. 집에 가고 싶다'라는 자책만 웅웅거린다.
'아…… 오랜 친구 앞에서조차 왜 이렇게 편하지 못할까?' 싶어서
못나고 소심한 자신이 싫어진다. '이런 멍청이!'라는 말이 머릿속
에서 돌고 돈다.

어쨌든 서영 씨는 아무렇지 않은 척 넘기려고 애쓰는 중이다.
"응", "그래", "정말?" 정도로 대답을 이어간다. 그러면서도 친구
가 이런 속내를 눈치채지 않을까 그마저 걱정이다. '쟤도 나랑 대
화하는 게 시시하고 재미없겠다.'

서영 씨는 집으로 돌아가는 길에도 좀 전의 대화를 곱씹는다.
'이직 선물이라도 해야 하는 걸까? 하지만 친구도 나한테 그런 걸
챙긴 적은 없는데…….' 자신이 뭔가 계속 잘못하고 있다는 느낌

을 지우기 어렵다. 이제 불편한 마음을 한시라도 빨리 없애고 싶을
뿐이다.

서영 씨는 집에 도착하자마자 친구에게 선물 쿠폰을 보낸다. 수
고했고, 미리 축하를 못 해서 미안하다는 말도 보태어서. 친구는
"뭐 이런 걸 다 보냈어? 고마워" 하면서 웃는 이모티콘을 보내왔
다. 이제야 조금 편해진 느낌이다.

우리는 이 에피소드에 관하여 더 긴 대화를 나누었다.

"친구의 웃는 이모티콘을 보면서 어떤 생각이 드셨어요?"

"얘는 그냥 한 말일 수 있는데 또 나 혼자 심각했구나……."

"친구가 '전화 한 번을 안 하더라'라고 했을 때 머릿속에서 어떤
생각들이 자동으로 떠올랐어요?"

"나한테 실망했나? 화났나? 뭐라고 말하지? 이런 생각요."

"그런 생각들이 떠오른다는 것은 서영 씨에 관해 무엇을 말해주
는 것 같아요?"

"저는 항상 제가 잘못하고 있다는 느낌이 들어요. 문제는 나한
테 있는 것 같거든요. 나 때문에 관계가 어그러질까 봐 겁이 나요."

서영 씨는 자신에게 문제가 있다는 느낌 때문에 힘들어했다. 부
정적인 자기감은 서영 씨를 위축시켰다. 관계를 지속하기 위해서
는 뭔가를 더 해야 한다고 믿었다. 물질적으로 보상하여 관계를 유

지하는 방식은 잠시의 안도감을 주었지만, 있는 그대로의 자신은 부족하다는 느낌을 강화할 뿐이다.

이렇듯 비관적인 자기감을 가지고 있으면 대화에 집중할 수 없다. 내면의 안테나가 전송하는 신호를 감지하지 못한다. 누군가를 실망시키지 않았는지, 내 말이 적절했는지 점검하느라 분주해진다. 스스로를 평가하고 탓하느라 대화에서는 소극적으로 후퇴할 수밖에 없다.

누군가 끊임없이 자신을 주목하고, 기다렸다는 듯 사소한 문제를 꼬집어 과장하고, 가혹하게 비판한다고 생각해보자. 얼마나 버텨낼 수 있을까? 그런 존재는 내면을 다 갉아먹는다. 스스로를 의심하면서 불필요한 내전을 너무 많이 치러야 한다.

**과도한 비판에 노출되면** ────

'내가 문제라는 느낌'은 언제 어디에서 온 것일까?

이 질문에 서영 씨는 아버지를 떠올렸다. 항상 딸을 최고로 만들고 싶어 한 아버지는 엄하고 정확했다. 아버지는 감정을 최소한으로 제한하여 숨겨야 한다고 믿었다. 게다가 철저한 기준을 가진 분이었다. 자신이 세운 기준에서 한 치의 오차도 허용하지 못했다.

부모가 감정을 억제하고 엄격한 기준을 가진 경우에 자녀가 충분히 따뜻한 공감과 수용을 경험하기란 어렵다. 부모의 엄격한 기준을 자신에게 적용하면서 부모가 원하는 대로 완벽한 상태에 이를 수 없는 자신을 자책하고, 자신은 늘 부족한 사람이라는 인식을 흡수한다.

서영 씨는 스스로를 문제라고 생각하는 결함 시나리오의 영향을 강하게 받고 있었다. 동시에 자신의 감정과 욕구에 관심을 가지는 사람은 없다고 믿었으며, 지금보다 더 높은 수준으로 잘해야 한다는 강박을 보였다.

초등학교 시절부터 아버지는 서영 씨에게 엄숙한 태도로 가르쳤다. 특히 공부에 관해서는 더욱 그랬다. 수학 문제를 풀고, 영어 단어를 외우고, 독서록을 쓰고 나서는 항상 아버지의 검사를 받아야 했다.

"다시!"

이 말은 뭔가 잘못됐다는 뜻이다. 다시 고쳐 와야 한다. 그러나 아버지는 무엇이 틀렸는지는 알려주지 않았다. 직접 찾아내야 한다. 한 번이고 두 번이고 정답을 찾아낼 때까지 "다시!"를 반복한다. 아버지의 기준을 충족할 때까지.

서영 씨는 항상 '뭔가 잘못됐다'는 확신, 그러나 그게 무엇인지 정확하게 알 수 없는 불안에 빠져 있었다고 했다. 게다가 '아빠는 완벽한데 나는 왜 이럴까?' 하는 죄책감, 수치심과 함께 자랐다고.

물론 살면서 단 한 번도 아버지에게 진심을 털어놓은 적은 없었다.

　결함 시나리오는 '나쁜 자기감'을 느끼는 경험이 반복되면서 만들어진다. 억울한 일을 당하고 집에 돌아왔을 때 "네 행실이 문제야"라는 말을 들으며 자랐거나, "너만 아니었어도……"라는 말에 자기 존재감을 의심하며 살아왔거나, "우리 집에서 어떻게 너 같은 아이가……"라는 말에 치욕감을 삼키며 자란 사람들에게 새겨진다.

　어떤 사람은 "그 눈빛을 보면 우리 부모님이 나를 창피해한다는 것을 알 수 있었어요"라고 말하기도 했고, "오빠와 똑같이 장난을 쳐도 저는 늘 '조신하지 못하게 여자애가!'라는 말을 들었어요"라는 사람도 있었고, 또 어떤 사람은 "네가 태어났을 때 죽을 테면 죽으라고 엎어뒀는데 명이 질긴지 살아나더라"라는 말을 들었다며 울었다.

　결함 시나리오를 가진 사람들은 자신을 '가능성'보다는 '문제'와 동일시한다. 평소에는 사회에서 요구하는 역할을 수행하는 데 별문제가 없고, 깊은 우정을 나누는 친구와 동료들도 있다. 그러나 상황이 불편해지면 갑작스럽게 돌변해서 자신을 매섭게 노려본다.

　무엇보다 자신을 지나치게 혼낸다. "왜 그렇게 자신을 혼내세요?"라고 물어보면 그것이 냉혹한 대우인 줄 모르는 경우가 많다. "아, 제가 그랬나요?" 한다. 마치 그것 말고 다른 반응은 배운 적이 없는 사람처럼.

여기서 먼저 명확하게 짚어야 할 점이 있다. 바로 '당신은 잘못 되지 않았다'는 것이다. 다만 그렇게 믿을 수밖에 없도록 과도한 비판을 받아왔다. 불필요한 수치심을 느끼도록 지속적으로 조장 당해왔다. 당신이 가진 어떤 특성이 지나치게, 더구나 나쁘게 부풀 려져서 놀림을 받았다는 것을 알아야 한다.

꾸준한 비판은 사람을 휘어넘길 정도로 힘이 세다. 예를 들어 달 리기를 못하는 사람이 있다고 가정해보자. 그 자체로는 아무 문제 가 되지 않는다. 그러나 누군가 그런 당신을 지속적으로 비난하면 서 창피를 주고, 달리기를 잘하는 사람과 비교하여 주눅 들게 한다 면, "우리 집안에 달리기를 못하는 아이는 있을 수가 없다!"라고 가르친다면 당신은 머지않아 "달리기조차 못하는데 인생도 제대 로 달릴 수 없지"라는 잘못된 믿음을 가지게 되기 쉽다. 그렇게 패 배자의 꼬리표를 달게 된다.

우리는 누구나 부족한 면이 있고 실수를 한다. 여러 면에서 한계 를 가진 존재이다. 그러나 완벽하지 못하다고 '문제적 인간'이라 는 뜻은 아니다. 존재being와 행동doing은 다른 차원에 있다. 생명을 바라볼 때는 '부족한 인간'으로 보는 것이 아니라 '부족함을 가진 온전한 인간'으로 봐야 한다.

그러나 우리는 '사람'은 제쳐둔 채 '문제'를 과장하고 주목하는 환경에서 살아왔다. 주변 어른들은 우리에게 충분히 허용적이지도 않았고 따뜻하지도 못했다. 물론 먼지 낀 족보를 들추어 탓하자는 것은 아니다. 그러나 누명은 벗어야 하지 않을까. 당신은 범죄를 저지르지 않았고, 괜히 주눅 들어서 압박을 느낄 필요가 없다.

어린 생명에게는 안전하고 따뜻한 환경이 필요했다. 연약한 존재로 태어나서 수용적인 돌봄을 받고, 세상에 관한 친절한 안내와 지도를 받아야 했다. 실수도 끌어안고 약점을 보살피며 살아가는 지혜를 배워야 했다. 마음에 차지 않는 스스로를 보듬고 사랑할 줄 아는 태도를 가르쳐줄 사람이 필요했다.


### 결함 시나리오를 가진 사람들 ────

결함 시나리오를 가진 사람들은 스스로를 결점이 많고, 열등하며, 무가치하다고 믿는다. 자신은 결코 사랑스럽지 않다는 생각도 자주 한다. 이런 믿음의 기반에는 깊은 수치심의 늪이 펼쳐져 있다.

자신을 부적절하다고 느끼면서 사랑받을 가치가 없는 사람이라고 믿으면 관계와 대화가 어렵게 꼬인다. '저 사람이 나를 어떻게 볼까?' 하는 생각으로 말 한마디 한마디를 할 때마다 과도하게 신경을 쓰고, 작은 실수에도 자신을 혹독하게 비난하기 때문이다. 사소한 실수를 복구하려고 진을 빼기도 한다.

또한 아무도 자기 민낯을 알 수 없도록 자신만의 성에 갇혀 지내기도 하고, 친밀한 사람들에게조차 가면을 쓴다. 참모습이 드러나면 자신을 좋아하지 않을 것이라고 생각하기 때문이다. 치명적인 허점들을 남들이 알게 될까 봐 걱정하고, 이를 무마하기 위해서 과장된 연기를 할 때가 있다.

버려지거나 외면당하는 것이 두려워서 다른 방식으로 보상을 하기도 한다. 돈이나 물질, 시간이나 노동 같은 것을 제공하여 관계를 지속시키려고 애쓴다. 그러나 이런 방식은 '지금 이대로의 나는 아무 가치가 없다'라는 수치심을 강화할 뿐이다.

결함 시나리오에 갇힌 사람들은 자신을 비난하고 혼내는 일에 익숙하다. 다른 사람들 앞에서 지나치게 자신을 낮추는 경향을 보인다. 타인과 비교하며 무능함을 확인하는 데 익숙하며, 누군가 자신을 비난하는 일까지 허용하기도 한다. 상호작용에서 존중받은 경험이 부족해서 그렇다.

**결함 시나리오를 가진 사람들의 말**

● 문제가 생기면 속으로 '내 잘못일 거야'라고 중얼거린다.

● 비난의 말을 쉽게 받아들인다.

- 사소한 거절에도 수치심을 느낀다.

- "저 사람에 비해서 나는……"이라는 식으로 남들과 비교하는 말을 자주 한다.

- "멍청하게 네 주제에!" 하면서 스스로를 엄하게 비판한다.

당신이 결함 시나리오를 가지고 있다면 가장 먼저 해야 할 일은 당신 자신을 향한 비난을 멈추는 일이다. 오랫동안 설정되어 있던 자기 비난의 알람을 꺼야 한다. 자신을 모질게 평가해온 습관적 손가락질을 그만두고, 나머지 손가락을 마저 다 펴서 스스로를 다독여주는 방법을 익혀야 한다.

서영 씨는 물었다.

"문제가 이렇게 많은 나 자신을 비난하지 않는 게…… 정말로 가능할까요?"

그리고 나는 말마디마다 정성을 다해 대답했다.

"서영 씨의 마음속에 사는 아버지는 비난을 멈추지 못할지도 몰라요. 그러나 서영 씨는 할 수 있죠. 서영 씨의 마음이 오래전부터 그것을 바랐다는 걸 깨닫는 중이잖아요. 게다가 우리는 그 방법을 배워가는 중이라고요! 할 수 있어요. 저는 그런 사람을 많이 봐왔답니다. 제 말이 어떻게 들려요?"

서영 씨는 조용히 울면서 단호하게 끄덕거렸다. 자신에게 비난하기를 멈추고, 좀 더 친절하고 다정한 태도를 갖추기를 원한다고 소리 내어 말했다.

여전히 당신에게는 결함이 있다. 그러나 당신이 조금만 고개를 돌려서 둘러본다면 그게 당신의 전부가 아니라는 것을 알 수 있다. 누구나 자신의 부족함과 한계를 대면하는 일은 늘 두렵다. 거울 앞에 서서 자신의 못남을 즐기는 사람은 드물다.

그러나 우리는 언제든 "나에게 친절하기를 원한다"라고 말할 수 있다. 나 자신에 대한 의심과 비판을 멈추고, 공감과 연민의 언어를 시작할 수 있다. 나 자신과의 종전을 선언하고, 내적인 평화를 되찾을 수 있다. 내면의 안정감이 만들어지면 그 울타리 밖의 관계 역시 편안해진다.

**당신이 사과하지 못하는 이유** ───────

복종 시나리오에 대해 얘기하면서 같은 시나리오를 가지고 있어도 정반대 모습으로 드러나기도 한다는 점을 이미 설명했다. 결함 시나리오도 마찬가지다. 그것에 굴복하여 자신을 비난하고 낮추려는 사람들도 있지만, 반대로 그것을 감추거나 보상하기 위해 자신을 높이고 상대를 낮추려는 사람들도 있다.

인혜 씨는 비즈니스로 만난 동료였다. 나이가 비슷해서 종종 만나곤 했다. 첫인상에도 강한 캐릭터처럼 보이는 인혜 씨는 일할 때 다소 완벽주의를 추구했고, 사람들에게 의견을 제기할 때도 강한 어조로 표현했다.

시간이 지나면서 인혜 씨에게서 새로 발견한 특징 중 하나는 타인을 쉽게 비판한다는 점이었다. 누군가의 실수에 대해 그냥 넘어가기보다는 한 수 알려주는 식으로 반응했다. 나는 인혜 씨에게 "잘 모른다"라는 말을 들어본 적이 없는 것 같다. 그러던 중에 다른 프로젝트를 함께하는 사람들에게서 또 들려오는 이야기가 있었다.

인혜 씨가 좀처럼 사과를 하지 않는다는 것이었다. 일정 실수를 하는 바람에 문제가 있었는데도 사과를 하기보다는 함께 확인하지 못한 다른 사람들을 비난하는 식으로 대처한 모양이었다.

사과하지 못하는 특성은 그 사람의 약한 자기감과 깊은 관계가 있다. "미안합니다"라는 말이 자기감과 자존감을 훼손한다고 믿는 사람은 그 말을 피하고 싶어 한다. 실수를 인정하는 것은 자기 결함을 인정하는 것이라고 생각하기 때문이다.

그러던 어느 날 함께 공동 작업을 하다가 인혜 씨의 새로운 모습을 보게 됐다. 전화 한 통이 걸려 왔는데 고객인 듯싶었다. 인혜 씨는 점점 말수가 줄어들더니 얼굴이 하얗게 질려갔다.

"네……네"만 계속하다가 전화를 끊었다. 수화기 너머에서는 언성이 약간 높아진 듯했다.

"힘든 전화였나 봐요."

"네……. 제가 실수를 했네요……."

"어떡해요, 괜찮아요? 얼굴이 안 좋아 보여요."

"(울먹이며) 이럴 때마다 나 자신을 견딜 수가 없어요."

인혜 씨는 많이 불편해 보였다. 이런 모습을 나에게 들킨 것이 인혜 씨를 더 힘들게 하는 듯했다. 그러면서도 인혜 씨는 말을 이어갔다. 누군가 자기 실수를 지적하는 말을 들을 때면 몸이 얼어붙는다고 했다. 아무 생각이 나지 않고, 해야 할 말도 잊어버린다고 말이다.

완벽하고 우월해 보이는 인혜 씨에게는 수치심과 두려움이 배어 있었다. 인혜 씨의 부모님은 소위 자수성가한 부자이다. 근면 성실의 표본이었다. 그러나 거기에 그치지 않고 자식의 게으른 근성을 부지런히 비난했다. "우리 집안에는 저런 피가 없다"라는 말로.

인혜 씨는 부모님처럼 근면하지도 성실하지도 못한 사람, 그래서 자수성가하지 못한 사람으로 스스로를 대하고 있었다. 부모님을 원망하면서도 자신을 달리 어떻게 바라봐야 좋을지 찾지 못했다. 일단 다른 사람들에게 그런 자신의 모습을 들키고 싶지 않았다. 그래서 자기를 오히려 강하고 자신감 넘치는 캐릭터로 색칠하고 있었던 것이다.

　인혜 씨는 프로젝트 모임에서도, 고객과의 전화 통화에서도 제때 사과하지 못했다. 그런 경직된 모습은 상대의 불쾌감을 자극한다. 연쇄적으로 상대는 더 강하고 거칠게 밀어붙이게 된다. 그것이 부메랑이 되어 인혜 씨가 가진 결함 시나리오를 더욱더 자극한다.

　단단한 사람은 잘못했을 때 사과한다. "미안합니다. 제가 실수를 했어요"라고 말할 줄 안다. 그 말은 자신을 손상하지 않는다. 만약 잘못을 인정하면 지는 것 같거나, 강렬한 수치심과 억울함에 휩싸이거나, 자기 존재 자체를 스스로 부정하는 것 같다면 당신에게도 결함 시나리오가 작동하고 있을 가능성이 높다.

　얼마나 많은 사람이 우월이라는 가면 속에서 자신을 미워하고 있을지 생각하면 마음이 아프다. 그것은 나의 일면일지도, 당신의 일면일지도 모를 일이다.

3장

말의 시나리오를 바꾸려면

이제 당신의 의구심이 이런 질문에 이르렀을 것이다. "그래서 말은 바뀔 수 있다는 거야?" "도대체 말을 어떻게 바꾸라는 거야?" 결론부터 말하자면 말은 바뀐다. 눈치를 덜 보면서 더 편안하게 대화할 수 있다. 단, 말을 바꾸려면 현상이 아닌 본질에 다가서야 한다. 쏟아져서 흩어져버리는 말 자체가 아니라 말을 만들어내는 당신의 변화가 필요하다. 지금까지 당신을 장악해온 생각하는 방식과 태도, 심리적 반응 양식이 바뀌어야 한다. 앞으로 이론적인 내용뿐만 아니라 경험적으로 검증된 다양한 방법이 소개된다. '감정, 경계, 시간, 시야'를 건강한 대화의 관점에서 다시 점검하는 연습을 할 것이다. 만약 지금보다 자기감을 10퍼센트 정도 더 회복하고 싶다면 무엇부터 시도해보고 싶은가?

# 말은 어떻게 바뀌는 걸까?

**말의 시나리오는 '기술'이 아니다** ─────

지금까지 우리는 인생 초기에 결핍된 정서적 욕구들에 관해 살펴봤다. 또한 그로 인해 자기감의 기반을 잃어버리고 타인지향 시나리오를 가지게 되어 타인과의 관계뿐만 아니라 나 자신과의 관계에서도 심리적인 불편감을 겪는 사람들을 만났다.

타인지향 시나리오에 대한 이해를 돕기 위해 복종·희생·인정·결함 시나리오로 나누어 설명했지만, 한 사람에게 여러 시나리오가 중복되어 나타나는 것이 일반적이다. 나만 해도 그렇다.

나는 상대의 기분이 상할까 봐 긴장하면서도, 다른 한편으로는 타인의 마음을 사서 내 편으로 만들기 위해 능력을 보여주려 애쓴다. 복종 시나리오와 인정 시나리오가 서로 엇갈리며 나의 말과 행동에 영향을 미치는 것이다. 따라서 각 시나리오의 차이를 가르는 데 집중하기보다는 큰 틀 안에서 통합적으로 이해하는 편이 낫다.

자, 이제 우리는 '변화'를 얘기할 차례다. 과연 당신에게 질기고 단단하게 형성되어 있는 말의 시나리오도 달라질 수 있을까? 이전보다 말이 편안해지고 대화에서 안정감을 되찾을 수 있을까? 반복되는 시나리오를 깨닫고 다른 방식의 시나리오를 선택할 수 있을까? 마음의 평안을 찾아서 있는 그대로의 자기 모습으로 자연스럽게 살아갈 수 있을까?

가능하다. 말의 시나리오를 단순히 '기술' 차원으로 취급하지 않고 '사람' 차원에서 다루면 문제의 핵심까지 도달할 수 있다. 건강한 자기감을 회복할 수 있도록 내적 감각과 기준들을 만들어가면 결국 다른 말이 나온다.

이것이 바로 내부지향 시나리오이다. 앞에서 내부지향 시나리오란 내면에서 들려주는 다양한 정보를 기반으로 자기 삶의 이야기를 만들어가는 것이라고 벌써 설명했다. 이를테면 감정, 욕구, 기대, 우선순위, 취향, 방향, 한계 같은 나 자신에 관한 정보들을 이해하고 활용하는 능력이 필요하며, 이는 자기감의 주요 원료이기도 하다.

**내 안에 무엇을 채워야 하죠?** ─────

내가 나에 관해 더 잘 설명할 수 있게 되면 무너진 자기감은 회복된다. 자기감이 탄탄하게 만들어지면 내면에 자기 신뢰라는 중심점이 생긴다. 타인에게 기울어져 있던 중심축이 균형을 잡으면서 안정감을 되찾고 편안함을 느끼는 것이다. 몸이 편안해지면 호흡이 자연스러워지듯 마음에 균형감이 생기면 말과 행동이 안정될 수밖에 없다.

그래서 우리는 앞으로 "대화가 편해지려면 뭐라고 말해야 되죠?"라고 물을 게 아니라 "대화가 편해지려면 내 안에 무엇을 채워야 하죠?"라고 질문해야 한다.

3장에서는 우리 내면에 무엇을 다르게 채워야 할지 얘기할 것이다. 다시 말해 내부지향 감각들을 되찾는 방법들을 안내한다. 감정·경계·시간·시야의 네 가지 측면에서 얘기하게 될 텐데, 말 자체에 관한 것일 수도 있고, 말을 생산하는 태도와 관점에 관한 것일 수도 있다.

3장을 읽어나갈 때 복종·희생·인정·결합 시나리오와 짝을 맞추어 이해할 필요는 없다. 어떤 내용은 복종 시나리오를 예로 들어 설명할 테고, 또 어떤 방법은 인정 시나리오를 가진 사람들에게 더 와닿는 설명일 수 있다. 그러나 타인지향 시나리오를 가진 사람이라면 누구에게나 구분 없이 권하고 싶다.

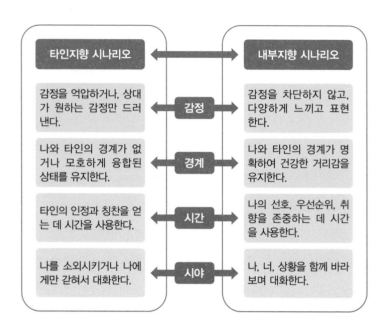

| 타인지향 시나리오 | | 내부지향 시나리오 |
| --- | --- | --- |
| 감정을 억압하거나, 상대가 원하는 감정만 드러낸다. | 감정 | 감정을 차단하지 않고, 다양하게 느끼고 표현한다. |
| 나와 타인의 경계가 없거나 모호하게 융합된 상태를 유지한다. | 경계 | 나와 타인의 경계가 명확하여 건강한 거리감을 유지한다. |
| 타인의 인정과 칭찬을 얻는 데 시간을 사용한다. | 시간 | 나의 선호, 우선순위, 취향을 존중하는 데 시간을 사용한다. |
| 나를 소외시키거나 나에게만 갇혀서 대화한다. | 시야 | 나, 너, 상황을 함께 바라보며 대화한다. |

## 승리자의 인생 각본 ───

미국 정신과 의사 에릭 번Eric Berne이 만든 '교류분석Transactional Analysis' 이론에는 '인생 각본'이라는 개념이 있다. 사람들은 저마다의 사연들을 거치면서 자신만의 인생 각본에 따른 삶을 살아가는데 이때 세 가지 유형으로 나뉜다. 승리자의 각본, 패배자의 각본, 승리자의 각본도 패배자의 각본도 아닌 평범한 각본이 그것이다.

먼저 '승리자의 각본'을 가진 사람은 '지금 여기'에 집중한다. 과거의 상처와 결핍이 있지만, 내 삶의 주인공이 나라는 것을 안다. 대부분의 영화 주인공이 그렇듯 자신에게 주어진 과제들을 피하지 않고 해결하려 노력한다.

상대적으로 '패배자의 각본'을 가진 사람은 과거의 기억에 사로잡혀 있다. "○○했더라면 얼마나 좋았을까", "왜 하필 나에게?"라는 의문을 내려놓지 못한다. 자기 삶인데도 여전히 손님 의식에 사로잡혀서 타율적이고 의존적인 태도를 보인다.

마지막으로 '평범한 각본'을 가진 사람은 나만의 목표, 나다운 인생을 만들기보다는 남들과 비슷한 모습으로 닮아가는 것에 안도한다.

당신이라면 어느 각본을 선택하게 될까. 부디 승리자의 각본이기를 바란다. "이게 되겠어?" 하면서 과거에 발목을 잡히지 않고, 지금 이 순간에 살아 있는 당신의 이야기를 직접 만들어나갈 수 있기를.

# 내 안의 분노를 되살리기
## – '감정'에 대하여

**분노가 나 자신에 대해 알려주는 것들** ————

오랫동안 다른 사람들의 감정에 맞추느라 급급했던 사람이 내면으로 시선을 돌리기 위해서는 "'감정'을 정확하게 느끼고 있는가?"라는 질문을 스스로에게 하는 데에서 시작해야 한다. 감정이란 내면의 신호 중에 가장 직접적이고 정확한 정보이기 때문이다.

감정 중에서도 특히 분노의 불씨를 마음에서 되살리는 것이 우선이다. '나는 지금 화가 난다'는 것을 알아차리는 능력을 먼저 회복해야 한다. 분노는 자기 구역 안에서 어떤 일이 벌어졌으며 그 일이 당신에게 왜 불편한지, 무엇이 중요한지 알려주는 고급 정보이기에 더욱 의미가 있다.

지금까지 당신의 삶에서 분노는 모든 것을 태워버리는 산불과 같았을 것이다. 상황을 극단적으로 악화시키거나 누군가를 아프게 했다. 그래서 아예 그 불씨를 꺼뜨려버리고 말았다. 그러나 분노라는 감정은 삶에서 요긴한 모닥불이 되어주기도 한다. 타닥타닥. 여기 이토록 뜨겁게 살아 있음을 느끼게 한다. 분노의 불씨를 잘 다루는 방법을 익히면 된다.

분노를 되살리기 위해 가장 먼저 해야 할 일은 내가 어떤 감정을 느끼든 그것이 정당하다는 것을 깨닫는 것이다.

남의 눈치를 보는 사람들은 "이 감정이 맞나요?", "이렇게 느껴도 될까요?", "다른 사람도 그런가요?" 하고 묻는다. 그러나 이 질문에 아무도 제대로 된 답을 돌려줄 수 없다. 애초에 감정에는 맞고 틀림이 없기 때문이다.

더욱이 당신의 긴밀한 내면에서 일어나는 일에 관해서는 누구도 무엇이 진실이라 확언하지 못한다. 어떤 사람이 당신에게 "뭘 이런 걸 가지고 그러냐?", "그렇게 느끼면 안 되지"라는 식으로 말한다면, 그는 사람을 이해하는 방법을 모르거나 그저 당신을 조종하여 자신이 원하는 뭔가를 이루고 싶은 것일 수 있다.

감정의 정당성이란 당신이 분노를 느낀다면 다 그럴 만한 이유가 있다는 뜻이다. 화를 느꼈다고 당장 무슨 행동을 하겠다는 말이 아니지 않은가. 그저 당신의 내면이 분노로 반응한 이유에 관해 귀 기울여주면 된다. 우리 마음이 원하는 것은 바로 그것이다.

감정은 나의 일부이지 내가 아니다. 지레 겁먹고 도망치지 말자. 또한 감정은 폭풍처럼 나를 덮쳤다가도 이내 곧 사라져버린다. 영원하지 않다는 말이다. 그 원리를 이해한다면 분노를 느끼지 않으려 눈을 감고 귀를 막을 필요도 없음을 기억하자.

"나는 화를 느낀다. 이 감정은 정당하다."

"내가 화를 느끼는구나. 그럴 만한 이유가 있는 거야."

자기감을 회복하는 과정에서 어떤 사람들은 그동안 묻어둔 분노를 깨닫는다. 타인의 잘못을 "저는 괜찮아요. 별일 아니었어요"라면서 모른 척하고, "충분히 이해해요. 그럴 수밖에 없었을 거예요"라면서 두둔했던 사람이 분노의 죄책감에서 벗어나면서 "나한테 그러면 안 되는 것 아닌가요!"라고 말할 수 있게 된다.

오랫동안 나와 타인의 경계를 훼손당해왔고, 타인이 그 경계를 함부로 넘어서 나를 침범해도 자신은 아무것도 하지 않았다는 것에 대해 분노가 한꺼번에 쏟아져 나올 수 있다. 그럴 때는 다듬어지지 못한 날것의 감정들이 마구잡이로 소용돌이친다. 코칭 중에 누군가는 이렇게 말하기도 했다.

"그냥 모른 척하면 편한 진실들이 있잖아요. 가족들에게 무시당한다는 것을 알면서도 그냥 넘어가고 싶었던 것 같아요. 그러면 모두가 편해진다고 믿었어요. 그러나 모른 척한다고 사라지는 것이 아니었어요. 고스란히 쌓이고 있었던 거예요. 저도 이렇게 폭발하게 될지는 몰랐으니까요."

어떤 사람들은 부모에게 찾아가서 사과를 요구하기도 한다. 부모는 이제 기억조차 나지 않는데 그때 나한테 왜 그랬느냐고 해명을 요구한다. 그러면 부모는 놀라서 되묻는다. 상담하면 좋아질 줄 알았는데 우리 아이가 도대체 왜 이러느냐고.

"화를 느낀다는 것은 좋아진다는 겁니다. 이제 자기 힘을 느끼고 있다는 뜻이에요. 조금만 기다려주세요. 묵은 감정들이 씻겨 나가면 그 힘으로 자신을 돌보게 될 겁니다."

이 말은 참이다. 화를 잊어버린 사람은 사람에 대한 기대, 삶에 대한 기대를 잃어버린 것과 같다. 화가 없다는 것은 성낼 일 없이 기쁜 일만 가득하다는 뜻이 아니라 설렘과 열정을 느낀 지도 오래됐다는 뜻일지 모른다.

분노는 나에게 괜찮냐고 물어온다. 분노가 그렇게 질문해오면 도망가지 말고 대답을 해야 한다.


**분노를 가로막는 방어 전략을 알아차릴 것** ──────

분노를 피하지 않고 느끼기로 마음먹었다면 분노와 만나는 과정을 방해하는 잘못된 습관부터 점검할 필요가 있다. 그중 하나가 바로 방어 전략이다.

이에 관해서는 『오늘 아침은 우울하지 않았습니다』를 쓴 힐러리 제이콥스 헨델Hilary Jacobs Hendel이 명쾌하게 안내해줄 수 있으리라 생각한다. 헨델은 이 책에서 건강한 마음 상태를 위해서는 감정을 정확하게 느끼는 일이 중요하다고 거듭 말한다.

이를 설명하기 위해서 '변화의 삼각형Change Triangle'이라는 개념을 소개한다. 역삼각형으로 그려진 세 변의 꼭짓점에는 각각 '핵심 감정, 억제 감정, 방어'가 위치한다.

먼저 '핵심 감정'이란 마땅히 느껴야 하는 감정들이다. 분노, 기쁨, 두려움, 슬픔, 흥분, 성적 흥분 등을 핵심 감정이라고 할 수 있는데, 이 감정들은 생존과 관련되어 있기 때문에 우리가 환경에 최대한 적응하며 살도록 돕는다. 그래서 부정적인 감정들도 피하지 말고 알아차려야 한다. 어떤 순간에 자신은 화가 나는지, 기쁜지, 두려운지 알게 되면 열린 마음의 상태가 된다.

그러나 타인지향 시나리오를 가진 사람들은 감정을 편안하게 느끼지 못한다. 핵심 감정을 느끼지 못하거나 느끼기 전에 감춰버린다. 대표적으로 분노가 그렇다. 우리는 복종 시나리오를 가진 사람들이 내면의 분노 알람을 꺼두고 두려움에 눌려서 눈치를 본다는 것을 이미 확인했다.

어릴 때부터 우리는 우리에게 허용되지 않는 감정과 허용되는 감정이 무엇인지 학습해왔다. 부모의 피드백을 통해 '이 감정은 문제가 된다'는 경험을 하고 나면 스스로 억제한다. '분노를 드러내면 늘 나쁜 일이 생겼잖아' 하면서 분노는 불안, 수치심, 죄책감 같은 감정으로 둔갑한다. 이렇게 본래 느껴야 할 핵심 감정을 억제한다는 의미에서 이들 감정을 '억제 감정'이라 부른다. 그래서 분노가 어울리는 상황에서도 수치심이나 죄책감을 느끼고 만다.

문제는 때때로 사람들은 억제 감정조차 느끼지 않기 위해 또 다른 방어를 꺼내 든다는 점이다. 감정을 느끼면서 생기는 고통과 압도적인 감각을 막고자 자신만의 방식으로 차단을 시도하는 것이다. 이것이 앞에서 말한 감정과의 만남을 막는 방어 전략이다.

우리가 감정을 회피하기 위해 무의식적으로 사용하는 말과 행동을 떠올려보면 된다. 방어 전략은 매우 다양하고 사람마다 다르지만 농담하기, 괜히 웃기, 미소 짓기, 모호하게 말하기, 풍자하기, 화제 바꾸기, 시선을 회피하기, 중얼거리기, 아예 말하지 않기, 말을 많이 하기, 비판하기, 짜증 내기, 무기력해지기, 무감각해지기, 엉뚱한 사람에게 공격하기 등이 주로 많이 사용된다.

나는 분노를 느껴야 마땅한 상황에서도 괜찮다고 말하거나 그런 메시지를 담은 미소를 지었다. 어떤 사람은 화제를 바꾸어 곤란한 상황을 모면하려 하기도 하고, 엉뚱한 대상을 향해 공격을 퍼붓는 사람도 있다. 속으로 상대를 무시해버리거나, 그 방향을 바꾸어 자신을 비판하는 데 몰두하는 사람도 있다. 또 어떤 사람은 모호하게 '다 그렇지 않아? 별것 아니야'라는 식으로 넘어가려 한다.

내부지향 시나리오를 다시 쓰려면 당신이 오래도록 방어해온 감정과 그 전략을 이해해야 한다. 어릴 적부터 어떤 감정들은 허용되고, 또 어떤 감정들은 차단되어왔을까? 이런 상태에 적응하기 위해 당신은 어떤 행동을 전략적으로 개발해야 했을까? 또한 그런 방어 전략을 멈추면 어떤 일이 일어날지도 생각해보자.

예전의 나는 언짢은 내색을 하거나 불편한 말을 꺼내면 분위기가 어색해져서 상대가 어떻게 반응할지 모른다는 긴장감이 높았다. 상대가 나를 좋아하지 않거나 누군가에게 뒷말을 할 수도 있다는 시나리오를 펼쳤다.

그러나 그것은 사실이 아니었다. 어떤 미소는 진실을 감추려는 것처럼 느껴질 수 있다. 누군가 나에게 속을 잘 모르겠다고 했다. 내 미소가 오히려 사람들과 거리를 두게 만드는 원인이 된다는 것을 깨달았다.

또 내가 분명 괜찮다고 말했는데 사실은 괜찮지 않았다는 것을 상대가 나중에 알게 되면 상대는 몹시 당황스러워했다. 예전에 직장 생활을 할 때 그러했지만, 내가 상대를 피하거나 떠나는 방법으로 수동적인 공격을 해올 때 사람들은 더욱 기분이 나빠했다. 결코

현명한 대처가 아니었다.

'감정(을 느끼는) 경험'이 바뀌어야 말의 시나리오가 바뀐다. 슬픔과 분노, 두려움과 혐오감이 흘러가게 두자. 그 같은 감정의 흐름을 막고 있는 방어 전략에 주목하자. 핵심 감정이 제 역할을 충분히 다하고 떠날 수 있도록 길을 터두어야 마음이 활짝 열린다.

하버드대학 정신의학부 교수인 리처드 슈워츠Richard Schwartz는 열린 마음이란 다음과 같다고 설명한다. 8C로 표현했는데 평온하고Calm, 호기심이 가득하고Curious, 연결되어 있고Connected, 연민을 느끼고Compassionate, 자신 있고Confident, 용감하고Courageous, 명료하고Clear, 창의적인Creative 상태라는 것이다. 이것이 바로 힐러리 제이콥스 헨델이 말한 열린 마음이기도 하다.

열린 마음이 되려면 감정이 잘 흘러야 한다. 감정이 막힘없이 통하면 비로소 마음이 열리고, 우리 안에 평온함과 자신감, 연결감과 명료함이 차오른다. 그 통로를 따라 밖으로 나가는 말 역시 편안해진다.

**내 몸의 감각에 집중하는 연습** ───

여전히 분노라는 대상을 인식하고 조절하기가 어렵다면 내 몸에 주목하는 연습을 권한다. 감정은 몸이라는 통로를 통해서 우리에게 찾아오므로 몸을 관찰하는 것으로 감정을 더욱 실재적으로 다룰 수 있기 때문이다.

이제 사십 대에 들어선 서경 씨를 만나보자. 불편한 대화를 잘하고 싶다면서 찾아온 서경 씨는 자신을 소개할 때 "큰소리를 잘 안 만드는 사람"이라고 표현했다. 관계를 맺으면서 갈등을 가급적 피하고, 어쩔 수 없이 만들어지는 거북한 감정은 참으며 지냈다.

회사에서 막내일 때는 그럭저럭 괜찮았다. 그런데 선배가 되면서 고역스러울 때가 많다. 일하다 보면 팀원들 사이에서, 혹은 다른 팀과의 사이에서 업무 범위나 역할 분담, 기한을 조정해야 할 때가 있다. 그럴 때면 싫은 소리도 오간다. 또 일을 잘못해 온 후배에게 따가운 말도 해야 한다.

그런데 그런 상황을 자꾸 피하고만 싶다. 뭔가를 주장하거나 편찮은 감정을 가지고 대화를 이어가는 일이 불편하다. 그래서 애매한 입장을 보이거나, 대답을 미루거나, 핵심을 쏙 빼고 얘기하게 된다. 그럴 때면 후배나 주변의 반응도 석연치 않아 보인다.

어떤 프로젝트가 잘 진척되지 않을 때마다 서경 씨는 남들에게 나쁜 소리를 하기 싫어서 '내가 그냥 다 하고 말지' 한다. 이를 악용하는 사람들도 있다는 것을 안다. 서경 씨가 이번에도 알아서 하겠지 싶어서 자신이 맡은 일을 미룬다. 이제 이러지도 저러지도 못하게 되어버린 상황 자체가 너무 큰 스트레스이다.

서경 씨는 분노를 느끼지 않기 위해 '뭐, 별것 아니야'라는 방어 전략을 구사해왔다. 그러다가 언젠가부터 출구를 찾지 못한 분노가 신체 증상으로 나타났다(신체화 증상). 대화를 하다가 손이 벌벌 떨리기도 했다. 회의를 마치고 나면 심한 두통과 피로를 느꼈다.

해결되지 못한 분노는 마음에 남아서 수동공격적인 모습으로 드러났다. 상대와 말을 섞지 않고 대충 대답하는 방식으로 무시하는 반응을 보였다. 어떤 일에서는 아예 처음부터 특정 사람을 소외해버리기도 했다.

그래서인지 함께 일하는 사람들에게 거만하다는 평가도 받았다. 서경 씨가 의도한 것은 아니지만, 이처럼 직장 생활에서 은근히 상대를 곤궁에 빠트리는 수동공격적 모습은 자기 평판과 인간관계에 해롭다.

서경 씨는 이제 더 성숙한 모습을 보이고 싶다고 말했다. 속으로 벌벌 떨지 않고 어른스럽게 불편한 감정을 다루고 싶다고 말이다. 이때 어른처럼 반응한다는 것은 자기 화를 자세하고 정확하게 바라보는 것에 가깝다. 이를 위해서는 분노를 만나서 끝까지 따라가 보는 것이 먼저이다.

서경 씨는 화를 만나는 연습을 시작했다. 그동안 잘못 알고 있었던 감정에 관한 진실을 배우고, 분노를 피하기 위해 사용한 방어 전략도 찾아나갔다. 이어서 화를 만나기 위해 몸의 감각에 집중했다. 감정은 몸에 고스란히 드러나기 때문이다.

심리치료사인 다미 샤르프Dami Charf는 『당신의 어린 시절이 울고 있다』에서 발달 트라우마는 몸에 남는다고 말한다. 발달 트라우마란 극단적인 외상성 사건이나 잔혹한 경험 때문에 생긴 트라우마가 아니라, 가정에서 부모가 잘 알지 못한 채 자녀에게 일상적으로 해온 말이나 행동 때문에 생긴 상처를 말한다.

그래서 샤르프는 어린 시절에 상처를 많이 받은 사람들은 몸 밖에서 산다고 표현했다. 몸을 통해 감정을 느껴야 자기 자신에게 편안해져서 남들에게도 마음을 열 수 있는데, 몸으로 뭔가를 잘 느끼지 못하니 자신에게 충실하지도 못하고 남들과의 유대감을 만들기도 어렵다는 것이다.

서경 씨도 몸의 감각을 느끼는 연습을 했다. 몸이 보내는 신호를 알아보는 능력을 '신체 내부 감각interoception'이라고 하는데, 신체 내부 감각을 키워서 자신의 감정과 욕구를 알아차리는 방법도 배웠다.

예를 한번 들어보겠다. '싫은 소리가 오가야 하는' 회의가 예정되어 있을 때는 몸이 경직되지 않도록 준비 운동을 한다. 몸을 이완시키기 위해 자리에서 가벼운 스트레칭을 하고 긴 호흡을 한다. 일부러 복도를 몇 번 오가는 것도 좋다. 몸이 편안해질수록 감정이 잘 흐른다.

이제 회의실에 들어선다. 상대의 말에 집중해야 한다. 그러면서도 동시에 외부 자극에 반응하는 자기 신체감각을 감지sense하기 위해 안테나를 세운다. 불편한 대화가 오가자 얼굴이 화끈거리고 심장이 뛴다는 것을 알아차린다.

"얼굴이 뜨겁네. 심장이 빨리 뛰어."

이것은 몸이 기억하는 습관이다. 불편한 자극에 대한 반응이 몸으로 드러나는 것이다. 곧이어 몸의 감각이 어떤 감정을 알려주고 싶어 하는지 연결해본다. '나는 두렵구나', '저 말이 불쾌해'라고 생각한다. 그렇게 불편한 감정에 머무는 동안 그것은 서서히 사그라든다. 그것을 무시하고 억누를 때보다 오히려 자연스럽게 흘러가서 이내 편안해지는 걸 느낀다.

'목소리를 떨리지 않게 해야 해! 이런 바보 같으니!' 하면 몸은 더 긴장한다. '목소리가 떨리네. 얼굴이 화끈거려. 화가 나서 그래. 불쾌해'라고 알아차려줘야 몸도 편안해진다.

서경 씨가 '불편하다'고 표현하기까지는 시간이 좀 더 필요하다. 그러나 신체 내부 감각을 키워서 감정의 신호를 듣는 연습은 한결 수월하게 시작할 수 있다. 그 정도만 되어도 신체화 증상은 심해지지 않는다. 불필요한 수동공격적 행동 역시 멈출 수 있게 된다.

감정에 서툰 사람들은 우선 몸으로 감정을 만나야 한다. 몸으로 느껴야 나답게 말할 수 있다.

**두려움의 실체를 직시한다는 것 ——**

비단 분노뿐만이 아니다. 두려움도 마찬가지다. 삼십 대인 소희 씨는 인간관계에서 어려움을 겪고 있었다. 함께 일하는 선배의 강 압적이고 무례한 태도를 받아내면서 몸과 마음이 지친 상태였다.

소희 씨는 복종 시나리오와 인정 시나리오를 가지고 있었는데, 선배와의 관계에서 경험하는 두려움이 실제보다 과장되어 있는 듯했다. 선배의 뜻을 따르지 않으면 선배가 이상한 소문을 퍼트려 서 자기 평판이 나빠질 것이고, 어쩌면 회사를 더 이상 다니지 못 하게 될지도 모른다며 울었다. 소희 씨의 말에 따르면 선배는 엄청 난 힘과 권력을 지닌 사람처럼 느껴졌다.

부정적인 감정은 실제보다 과장되어 있는 경우가 많다. 피하기 만 하느라 그 얼굴을 확실하게 보지 못했기 때문이다. 지금의 내가 어떤 사람인지 제대로 볼 수 있게 되는 순간, 두려움은 단지 타인 지향 시나리오가 만들어낸 그림자였음을 직시하는 순간, 상황은 바뀔 수 있다.

소희 씨는 오랫동안 자신의 진짜 모습을 깊게 들여다보지 못했 다. 소희 씨는 한 아이의 엄마이자 아내이다. 회사에서 인정받는 성실한 중간 관리자이고, 주변 사람들의 말에 진심으로 귀 기울일 줄 아는 사려 깊은 동료이며, 수년째 묵묵히 봉사 활동을 해온 따 뜻한 어른이다. 우리는 그것에 관해 충분히 이야기를 나누어야 했다. 그리고 나는 덧붙여 말했다.

"두려움에 압도당할 때는 어떤 잘못된 믿음의 시나리오가 작동해요. 같은 상황이 오면 고개를 돌리지 말고 자세히 보세요. 당신이 진짜 두려워하는 것은 무엇인가요? 그 그림자를 보지 말고 실체를 찾아보세요."

소희 씨는 선배의 강압적인 말에 짓눌릴 때 눈을 크게 떠보기로 했다. '내가 진짜 두려워하는 것이 무엇일까?', '두려움이 그림자라면 실체는 무엇일까?'를 질문하면서 두려움의 실체를 직시했다. 그러자 거기에 '여자 어른'의 뜻을 거역할 수 없다는 잘못된 믿음이 있음을 마침내 깨닫게 됐다.

그 모습은 무서운 엄마의 말을 거역할 수 없어서 혼자 방 안에서 조용히 울던 열 살 아이와 같은 얼굴이었다. 소희 씨의 어머니는 카리스마 있고 당찬 여성이었다. 자기 삶을 당당하게 꾸렸고, 딸에게도 같은 방식을 요구했다. 어머니는 따뜻한 결을 별로 내주지 않았다.

소희 씨는 어머니의 강인함을 두려움의 대상으로 느껴왔고, 그 감정을 종종 다른 사람에게 투사했다. 그래서 어머니처럼 말하고 행동하는 여자 어른들을 대할 때면 어쩐지 힘없는 어린아이가 되어버렸던 것이다.

소희 씨는 자기 시나리오를 바꾸고 싶어 했다. 누구도 자신을 휘두르게 그냥 내버려두지 않겠다고 다짐했다. 이것은 제법 큰 용기가 필요한 일이다. 나는 이것을 달리는 열차에서 뛰어내리는 심정으로 해보자고 말한다. 습관적으로 반응하기를 멈춘다는 것은 만만한 일이 아니다.

먼저 선배의 일방적인 공격을 받아주지 않는 연습을 했다. 선배는 한번 전화하면 한 시간이고 두 시간이고 끝도 없이 하소연을 늘어놓았다. 소희 씨의 행동이 거슬리면 그것을 지적하기 위해 늦은 시간에라도 전화를 걸어서 한참 떠들었다. 그러면서도 "내 말을 무시하면 너에게 좋을 것이 하나도 없다. 다 너를 위해서 하는 말이다"라고 자기 언행을 정당화했다.

예전 같으면 화를 느끼기도 전에 두려움에 먼저 압도됐다. 마치 자신이 할 수 있는 일은 아무것도 없다는 듯 바짝 엎드려서 그저 듣기만 했다. "네, 네, 네……" 하다가 전화를 끊으면 진이 빠지고, 하염없이 눈물이 나기도 했더랬다.

이번에는 다르게 말해볼 작정이다. "지금은 통화하기가 어려워요"라면서 먼저 전화를 끊자고 말했다. "네가 그러면 안 되지" 하면서 선배가 또 비난을 쏟아부으려 하자 "제가 어떻게 느낄지 헤아려주시면 좋겠어요"라고 말했다. 심장이 날뛰었지만 한번 쏟아진 말은 힘을 받아서 흘러갔다. 선배는 잠시 말을 멈추었다가 전화를 끊었다.

얼마 후에는 선배가 무리한 부탁을 해왔다. 소희 씨가 먼저 기획한 일을 공유하자는 요구였다. 물론 예전 같으면 머릿속으로 "안돼!"를 백번 말하면서도 "네" 하고 말았을 것이다. 그러나 이번에는 "죄송하지만 시간을 가지고 더 생각해볼게요"라고 대답했다. 코칭에서 여러 번 연습한 말이었다. 우리는 그사이에 다양한 대처 시나리오를 준비해왔다.

선배의 태도가 달라진 것이 느껴졌다. 이전보다 조심하려는 모습이 보였다. 소희 씨는 눈을 가리지 않고 실제 모습을 보니 선배도 걱정이 많고, 작은 일에 불안해하며, 두려움이 큰 보통 사람이라는 것을 알게 됐다고 했다. 어쩌면 그래서 더 강한 척하는 약한 사람일지 모른다고 말이다. 물론 소희 씨가 걱정하던 보복은 일어나지 않았다.

맞다. 어쩌면 우리가 피하고 싶은 분노와 두려움은 실제보다 부풀어 있을지 모른다. 동굴에 들어가지 못해서 동굴에 비친 거대한 그림자만 보고 있었던 것은 아닐까. 불편한 감정을 만나더라도 지레 겁먹고 도망치지 말자. 더 이상 아이가 아니므로 이제 그림자는 진짜가 아니라는 것을 확인해보자.

분노의 불씨를 되살리는 마지막 단계는 화를 표현하는 것이다. 지금까지 그 이전 단계들인 감정의 정당성을 인정하기, 감정 방어 전략을 멈추기, 몸의 감각을 느끼기, 감정의 실체를 직시하기에 관해 얘기했다. 이제 입을 열어서 당신이 느낀 부정적 감정을 다른 사람이 들을 수 있도록 말해야 한다.

친구가 동의를 구하지 않고 당신이 소유한 것들을 침해하려 하거나, 다른 사람들 앞에서 부끄러운 모욕을 줄 때 화를 내도 괜찮다. 그것은 당신이 존중받고 싶은 욕구를 되찾았다는 뜻이고, 친구와의 깊고 진솔한 관계를 기대한다는 증거이다.

내 노력과 열정을 착취하거나 내 가치를 부정하는 태도에도 화를 내자. 강압적인 사람과의 관계는 거리를 두고 과감하게 정리하는 것이 좋다. 그것은 자기감 문제에 더욱 적극적으로 대처하겠다는 삶의 의지를 드러내는 것이다.

화를 표현하는 방법을 제대로 배우지 못한 사람들은 소리가 요란하다. 나 역시 어릴 적에 주변 어른들을 통해 화란 상대를 비난하며 제압하는 것이라고 배웠다. 자신을 만만히 여기지 못하도록 눈을 부릅뜨고 목소리를 높여서 거친 말들을 쏟아내는 모습만 봤다.

그러나 소리만 크면 정확한 내용이 전달되지 않는다. 화는 '안

내'이자 '요구'이다. 화가 났다는 것을 알리고 내가 원하는 것을 요구해야 한다. 때론 "나는 지금 분노를 느낀다"라고 말하는 것으로 충분하다. 특히 타인지향 시나리오를 가진 사람들에게는 자신이 한 그 말을 스스로 듣는 것만으로도 의미가 있다.

화의 목적은 나에게 소중한 것을 지키는 것이다. 화는 나에게 소중한 것이 무엇인지 타인이 알게 하고 한 걸음 물러나게 만드는 에너지자원이다. 사람들이 그것을 알아들을 수 있는 크기의 소리면 된다. 너무 시끄러우면 사람들이 도리어 당신의 말에 집중하지 못한다.

화를 표현할 때는 다음 세 가지 내용이 포함되면 좋다. 첫째, 어느 지점에서 화를 느꼈는지 알려준다. 둘째, 그 지점에서 왜 화가 나는지 알려준다. 이때 상대의 행동을 비난하기보다는 나에게 소중한 것이 무엇인지, 존중받고 싶은 가치가 무엇인지 안내하는 것이 좋다. 셋째, 확실한 경계를 짓는다. 경계란 내가 받아들일 수 있는 것과 없는 것을 분명히 세울 때 만들어진다. 관계에서 내가 바라는 것을 구체적으로 요구하면 된다.

예를 들어 자꾸 약속을 어기거나 미루는 친구가 있다고 가정해보자. 별일 아닌 듯 넘기면서 내 시간을 소중하게 생각하지 않는 친구한테 이렇게 화를 표현할 수 있다.

**화를 표현하고 싶다면**

구체적인 감정 : 네가 '약속을 갑자기 취소하니까' 서운하고 '화가 나'.

존중받고 싶은 가치 : 내 '시간'도 소중하게 생각해줬으면 하거든.

경계 짓기 요청 : 약속을 지키기 어려울 때는 '하루 전'에라도 미리 말해
주면 좋겠어.

구체적인 감정 : _____

존중받고 싶은 가치 : _____

경계 짓기 요청 : _____


감정이 기본양념이라면 화는 간이 세고 자극적인 양념에 속한
다. 자칫 알맞은 양을 조절하지 못하고 쏟아부어버리면 입안이 얼
얼해지고 속이 쓰리다. 그렇다고 아예 빼버리면 매콤하고 개운한
맛을 즐길 수 없다.

화의 양을 조절하는 힘이 생길 때까지 실수하면서 배워가자. 인
내심을 가지고 배운다면 우리는 화를 느낄 때 상대에게 고래고래
소리를 지르거나 사납게 비난하지 않고 훨씬 더 성숙한 반응을 보
일 수 있다. 분노라는 마음의 불을 다스리는 길은 험난하지만 그렇
게만 된다면 인생의 온기를 유지할 수 있다.

## 내부지향 시나리오를 위한
# 5단계 감정 표현하기

감정은 내면의 중요한 신호이자 건강한 자기감을 형성하는 데 필수적인 데이터입니다. 자기감정을 있는 그대로 느끼고, 그동안 느끼기 불편했던 화를 되살리는 연습을 시작해보세요.

### 1단계 | 감정의 정당성을 인정하기

당신은 감정 자체가 아닙니다. 감정은 당신을 찾아왔다가 떠나가는 일종의 부분적인 경험일 뿐이죠. 어떤 감정을 느끼든, 그것이 분노일지라도 다 이유가 있고 정당하다는 것을 스스로에게 말해주세요.

- ⦿ "나는 화를 느낀다. 이 감정은 정당하다."
- ⦿ "내가 두려움을 느끼는구나. 그럴 만한 이유가 있는 거야."
- ✖ "화를 느껴도 되는 걸까?"
- ✖ "괜찮아. 이 정도는 별일 아니야."

### 2단계 | 감정 방어 전략을 멈추기

분노, 기쁨, 두려움, 슬픔, 흥분, 성적 흥분 등 핵심 감정을 정확하게 느껴야 자기감을 회복할 수 있습니다. 그중에서 부정적인 감정을 피하기 위해 자신이 어떤 방어 전략을 사용하는지 살펴보고 멈춰야 합니다.

- ✖ 괜히 웃거나 미소 짓기
- ✖ 농담하기
- ✖ 시선을 회피하기
- ✖ 화제를 돌리기
- ✖ 풍자하기
- ✖ 비판하기
- ✖ 무기력·무감각해지기
- ✖ 남의 말을 듣지 않기

❌ 아예 말하지 않거나 많이 말하기

❌ 모호하게 말하기

❌ 혼잣말로 중얼거리기

❌ 짜증 내기

❌ 엉뚱한 대상을 공격하기

### 3단계 | 몸의 감각에 집중하기

감정은 몸이라는 통로를 통해서 찾아옵니다. 감정을 안전하게 만나기 위해서는 '신체 내부 감각'에 집중하세요. 몸의 반응이 어떤 감정을 말하려는지 알아차려보세요.

⭕ "목소리가 떨리네. 얼굴이 화끈거려. 화가 나서 그래. 불쾌해."

❌ "목소리를 떨리지 않게 해야 해! 이런 바보 같으니!"

### 4단계 | 감정의 실체를 직시하기

두려움은 종종 생각보다 과장되어 있어요. 잘못된 믿음의 시나리오가 만들어내는 그림자를 보지 말고, 지금 여기에서 일어나는 실제 감정을 살펴보세요. 스스로 이렇게 질문하는 거예요.

⊙ "내가 진짜 두려워하는 것은 무엇일까? 그림자를 보지 말고 실체를 찾아보자."

✖ "나는 견딜 수 없어. 아무것도 할 수 없어!"

### 5단계 | 감정을 표현하기

화를 낸다는 것은 당신이 소중하게 여기는 것이 무엇인지 상대에게 알려주는 일입니다. 당신의 감정을 구체적으로 표현하면서 어떤 가치를 존중받고 싶은지, 그래서 상대에게 무엇을 요청하고 싶은지 분명하게 말해보세요.

⊙ "네가 약속을 갑자기 취소하니까 서운하고 화가 나. 내 시간도 소중하게 생각해줬으면 하거든. 약속을 지키기 어려울 때는 하루 전에라도 미리 말해주면 좋겠어."

✖ "네가 지금 나를 무시하는 거야? 친구를 이렇게 함부로 대할 수 있는 거야?"

# 건강한 거리감을 만들기
## – '경계'에 대하여

**'양팔 벌려!' 정도의 거리감** ————

내부지향 시나리오를 만들기 위해서는 '경계boundary'의 개념을 배워야 한다. 경계는 구분과 한계를 뜻한다. 내 것과 네 것을 분류하는 기준이 되고 내 역할이 어디까지인지, 네 권한은 어디를 넘어올 수 없는지 결정한다.

관계에서는 '양팔 벌리기' 정도의 거리감이 필요하다. 회사 동료, 지인뿐만 아니라 친구, 가족과도 마찬가지다. 지금 있는 자리에서 두 팔을 옆으로 뻗어보자. 그리고 힘껏 휘돌려보자. 아무것에도 부딪히지 않을 물리적 공간이 있어야 몸을 편안하게 움직일 수있을 것이다.

마음도 똑같다. 사람은 마음의 팔을 360도 막힘없이 휘돌릴 수 있는 정도의 심리적 영역을 가져야 한다. 그래야 그 영역에서 온전히 자기다워진다. 그곳은 자유로운 독립 활동이 이루어지는 창조의 공간이자, 안정감을 보장받는 장소이다. 외부의 부담스러운 시선을 피해 도망갈 수 있는 도피처이고, 휴식과 충전을 통한 자기회복이 가능한 곳이기도 하다. 이곳에서 우리 내면은 단단하게 자란다.

또한 적절한 거리감은 혼자 있고 싶은 욕구와 타인과의 친밀감을 경험하고 싶은 욕구를 동시에 충족해준다. 사적인 경계가 존중되는 관계에서는 함부로 상대의 영역을 침범하지 않으면서도 교집합 영역에서 만나 함께 기쁨을 누릴 줄 안다. 어떤 이유로 인해 너무 가까워지거나 너무 멀어지더라도 고무줄처럼 탄성력이 좋아서 다시 제자리를 찾는다.

그러나 타인지향 시나리오를 가진 사람들은 그 같은 경계를 배운 적이 없거나 포기해버린 경우가 많다. 상대와 거리를 둘 때 두려움을 느꼈기 때문이다. 또 상대에게서 물러나려고 하면 감당하기 힘든 질타를 받아왔기에 그렇다. 거리 감각을 잃어버린 나머지, 일상의 반경에서 너무 많은 사람과 부딪치며 치인다.

누군가 "우리끼리 왜 그래?" 하면서 최소한의 거리를 무시하고 슬쩍 들어올 때도 둔감하다. 바람직한 기준을 경험한 적 없기 때문에 항상 왜곡된 지점에서 관계를 시작하고 지속한다. 결과적으로

부당한 감정과 부담을 떠맡게 되는 것이다.

누군가 나의 감정과 욕구를 무시했다면, 상의도 동의도 없이 나에 관한 결정권을 대행하려 했다면, 나의 돈과 시간과 에너지를 제 것처럼 이용했다면 경계 위반이다. 내부지향 시나리오는 이 경계 설정을 바로잡을 때 만들어진다.

우리에게는 경계 너머의 일에 대해 등을 돌릴 권리, 내가 원하지 않는 제안을 사양할 권리가 있다. 동시에 자발적으로 경계를 넘어서 누군가를 위해 희생하기로 선택할 수도 있다. 그것이 무엇이든 최종 결재권은 나에게 있어야 한다.

### 명료한 경계선을 세울 것 ────

양팔 벌리기 정도의 거리감을 만들기 위해서는 '경계선'을 이해해야 한다. 본래 경계선이란 가족 간의 상호작용이 어떠한지 설명해주는 한 가지 틀이다. 가정에 형성된 경계선의 형태에 따라 가족 구성원들이 서로 주고받는 접촉의 양과 질이 달라진다.

즉 경계선을 통해서 가족끼리 얼마나 친밀한지, 정보는 어떤 방식으로 주고받는지, 문제가 생겼을 때 어떻게 해결하는지 등 전반적인 교류 방식이 정해진다. 가족은 거리감을 경험하는 최초의 집단이라는 점을 고려할 때 매우 중요한 의미를 가진다.

경계선에는 세 가지 종류가 있다. 명료한 경계선clear boundary, 애매한 경계선diffused boundary, 경직된 경계선rigid boundary이 그것이다.

먼저 '명료한 경계선'을 가진 가족은 질서 속에서 정확한 상호작용을 한다. 자녀가 부부의 일에 지나치게 끼어들지 않는다. 동시에 부모 역시 자녀의 일에 관여하지만 자녀의 독립성과 자율성을 인정한다.

경계선이 명료한 가족 안에는 '가족'이라는 집단뿐만 아니라 '나'라는 개인도 존재한다. 가족이 힘을 합해야 할 때, 갈등을 해결해야 할 때 서로 배려하고 희생할 줄 안다. 그러나 개인플레이를 할 수 있도록 존중하는 것도 잊지 않는다.

예를 들어 아버지가 주말에는 가족 모두와 함께 식사를 하고 싶다고 말했다. 명료한 경계선을 가진 가족은 다 같이 모이기 좋은 시간을 서로 상의할 것이다. 그리고 상의를 통해 식사 시간이 정해지면 기꺼이 자기 시간을 내어서 함께 식사하는 동안 서로의 안부를 물으며 정서적 친밀감을 높일 것이다.

가족 구성원 중 누군가 일로 바쁘거나 다른 일정 때문에 빠진다고 해도 가족 모임을 강요하지는 않는다. 부모가 노여워하면서 자식의 도리를 따지지도 않을 것이다. 가족 공동의 시간뿐만 아니라 사생활 역시 중요하다는 것을 알기 때문이다.

만약 가족 중 누군가 경계를 넘으려 하면 주의를 줄 수도 있다. "걱정해주셔서 감사해요. 하지만 이 문제는 제힘으로 해결할게요"라고 말할 수 있다. 서로 책임을 나누고, 요구를 거절하고, 도움을 요청하는 일에 고통을 느끼지 않는다. 내부지향 시나리오는 바로 이 영역에서 쓰인다.

'애매한 경계선'을 가진 관계에서는 서로가 지나치게 얽혀 있고 필요 이상으로 관여한다. '밀착된 가족enmeshed family'의 형태라 할 수 있다. 팔을 자유롭게 움직일 수 없을 만큼 딱 붙어 있으니 서로 다칠 수밖에 없다. 감정적으로 분리되지 못하여 죄책감과 수치심이 조장되고, 개인의 자율성은 무시되기 쉽다. 타인지향 시나리오는 이 영역에서 만들어진다.

앞의 가족 식사를 예로 이어가자. 경계선이 애매한 가족은 무슨 일이 있어도 주말 식사 모임을 강행해야 한다고 강요한다. 개인적인 사정이 있어도 부모에게 말하지 못할 것이다. 만약 그랬다가는 엄청난 비난을 감수해야 한다. 무엇이든지 가족이 우선이어야 하며, 개인 아닌 공동체로서 존재해야 한다는 잘못된 기준을 가지고 있다.

반대로 '경직된 경계선'을 가진 가족은 가족인데도 어색하고 서먹하다. 친밀감이 부족하고 서로에게 안정감을 제공해주지 못한다. 따뜻한 스킨십과 애정 표현이 적고, 지나치게 혼자 둠으로써 왜곡된 독립심을 키우기도 한다. 가까운 사람에게 느끼는 충성심과 소속감, 타인을 믿고 도움을 요청하는 능력도 가지기 어렵다. 이런 형태를 '분리된 가족disengaged family'이라고도 부른다.

경직된 가족은 가족 식사 모임을 제안하지 않을 것이다. 식탁에 마주 앉아서 어떤 이야기를 주고받아야 할지 모르기 때문에 함께 있으면 불편감을 느낀다. 차라리 각자 알아서 자기 취향대로 식사하는 것에 익숙하고, 그게 편하기도 하다.

이런 경계선은 보이거나 만져지는 것은 아니지만 한 사람에게 마음의 기준선이 된다. 가족 내에서 주고받던 상호작용의 방식과 익숙한 거리감은 앞으로 맺어갈 다른 관계들의 밑그림이 되기 때문이다.

게다가 사람들은 각자 다른 경계 감각을 가지고 있다. 울타리를 넘어가서 '감 놓아라, 배 놓아라' 하는 사람이 있는 반면, "여기서 나가주세요"라는 말을 못 해서 끙끙 앓는 사람도 있기 마련이니까. 이 차이는 관계를 유지하는 데 큰 갈등의 이유가 된다.

2장에서 만나본 교민 씨(89쪽 참고)를 떠올려보자. 그는 아내에게 "내가 알아서 할게"라고만 말할 뿐 속마음을 표현하지 못했다. 아내는 그런 남편과 대화가 안 된다고 느꼈다. 교민 씨는 원가족 중에서도 아버지와는 경직된 경계선을 가지고 있었다. 아버지는 본래 역할을 다하지 못하고 이탈했으므로 어릴 적부터 친밀한 교류가 없었다.

어머니나 동생들과의 경계선은 애매하게 유지하고 있었다. 서로 지나치게 얽매여 있었다. 어머니는 아들을 남편처럼 의지하면서 교민 씨가 결혼한 이후에도 당신의 살림을 지탱하도록 했다. 동생들 역시 형의 보호와 지원을 받음으로써 나이가 찼어도 스스로 경제적인 책임을 다하지 못하게 되어버렸다.

이같이 가족 간에도 서로의 경계선이 다를 수 있다. 당신 가족의 경계선은 어떠했는지 한번 생각해보자. 그 경계선이 지금 인간관계에 어떤 영향을 미치고 있을까?

건강한 자기감은 사람 사이의 명료한 거리감에서 나온다. 나와 상대의 '자기다움'이 일그러지지 않을 정도의 거리를 유지할 때 말이 되살아난다. 나는 이곳에서, 너는 저곳에서 각자의 소유권을 가지고 살아야 즐겁고 진실한 대화를 주고받을 수 있다.

### 내 소유를 확실히 하고, 더 요구할 것 ───

자, 그렇다면 다시 경계를 세우기 위해서는 무엇부터 시작해야 할까?

첫째, '내 것'과 '네 것'을 구분해야 한다. 우리는 어릴 적에 내 것을 소유하는 만족감을 알기도 전에 '우리'에 관해 배웠다. 참고, 양보하고, 희생해야 칭찬을 받았다. 나의 정당한 권리를 행사할 때도 다른 사람의 승인을 구해야 했다.

이를테면 감정조차 가려서 느껴야 했다. 타인을 불편하게 하는 감정은 품어서도 안 되는 줄 알았다. 그러나 감정은 내 소유이다. 무엇이든 느껴도 된다. 또 혼자 있고 싶어도 되고, 해야 할 일을 안 하고 싶을 수도 있고, 부탁을 거절할 수도 있고, 좋아하는 음식을 혼자 먹을 수도 있다. 그렇다고 나쁜 사람이 되는 것은 아니다.

관계의 범위와 역할에서 소유의 개념을 다시 배워야 한다. 예를 들어 친정어머니가 부부의 일에 지나치게 간섭할 때 부부 관계에서 일어나는 문제가 누구의 것인지 자각해야 한다. 아버지와 어머니의 관계에서 일어나는 일은 '네 것', 우리 부부의 관계에서 일어나는 일은 '내 것'이다.

부모님의 병원비를 마련할 때도 동생들에게 함께 해결하자고 말하는 것이 좋다. 자녀의 역할에는 '내 것'만 있는 것이 아니다. '네 것'과 교집합의 책임이 있다. 경제적인 형편이 여유로운 형제자매가 돈을 더 낼 수는 있지만, 처음부터 다 내 것처럼 혼자 감당해야 하는 것은 바람직하지 않다.

아이를 키우는 일에도 적용된다. 친구와 다투고 힘들어하는 아이를 위해 부모가 대신 나서면 안 된다. 친구와 화해하는 일은 '네 것', 아이를 위로하고 도와주는 일까지만 '내 것'이다. 그 경계선을 지켜야 아이도 부모를 도맡아 불필요한 책임을 지지 않을 수 있다.

회사에서는 어떨까. 희생 시나리오를 가진 사람의 경우 '나를 원한다. 내가 도와야 한다'라는 생각이 들겠지만 '네 것'까지 '내 것'처럼 하면 안 된다. 선배로서 최종 결과에 책임을 지고 그 과정을 지원하는 것은 '내 것', 일을 배워서 성공하고 실패하는 경험의 몫은 후배인 '네 것'이다.

이제 갓 초등학교 3학년이 된 아들이 학교 선생님에게 '내 것'과 '네 것'의 개념을 제대로 배워 왔다. 그 일화를 소개하고 싶다. 어느 날 수업을 마치고 돌아온 큰아들이 나한테 이렇게 말했다.

"밥을 먹을 때 엄마는 자꾸 먹으라고 하고, 나는 먹기 싫다고 할 때가 있잖아요. 선생님이 알려주셨는데요. 내 몸의 주인은 나니까 억지로 먹지 않아도 된다고 하셨어요. '엄마, 나는 배불러서 먹기 싫어요'라고 말하면 안 먹을 수 있대요."

피식 웃음이 났다. 그날 아침에 입맛이 없다며 밥 한 숟가락 뜨고 말려던 아이한테 김에 싼 밥을 한 번 더 밀어 넣은 기억이 나서였다. 아이도 그 일을 떠올리며 하는 말이었다. 나는 아이에게 대답했다.

"맞아. 선생님이 정확하게 알려주셨구나. 아들을 더 먹이고 싶은 마음은 엄마 것, 그렇지만 배불러서 먹지 않는 선택은 네 것이야. 몸도 마음도 네 것이라는 걸 잊지 말렴. 선생님한테 참 감사하구나."

반가웠다. 선생님이 아이들에게 내 것과 네 것을 구분하는 방법을 제대로 가르쳐주고 있어서 말이다. 아이를 기르는 엄마로서는 좀 속상할 수 있겠으나, 그게 맞다. 그래야 아이가 자기감을 키우며 자랄 수 있다.

앞으로 우리도 일을 협업하거나 가족 문제를 해결하는 등 다양한 관계에서 돈을 쓰거나 역할을 분담할 때 내 것과 네 것을 잘 구분하자. 그 경계선이 명료할 때 불필요한 눈치를 보지 않을 수 있고, 불편한 대화가 오갈 일이 줄어든다.

둘째, 경계를 만들기 위해서는 주고받기의 비율을 고려해야 한다. 어떤 관계든 한쪽에서만 일방적으로 주고 다른 쪽은 받기만 하면 경계가 무너졌다는 뜻이다. 일방적으로 주는 사람이 희생자 역할을 맡고 있을 가능성이 높다.

예를 들어보자. 당신은 친한 친구의 생일을 꼬박꼬박 챙기는 편이다. 친구 가족의 경조사도 가능하면 놓치지 않으려고 한다. 친구에게 힘든 일이 생길 때, 이를테면 돈 문제나 연애 문제가 생길 때 언제나 친구를 위해 시간을 내준다. 친구가 밤늦게 걸어오는 전화도 마다하지 않고 받는다. 친구가 한 시간 내내 하소연을 해도 싫은 내색 없이 들어준다.

반면에 친구는 당신의 생일을 종종 잊는다. 며칠 지나서야 깜박
했다며 미안하다고 문자를 보내는 정도이다. 물론 당신은 친구에
게 당신 가족의 경조사를 전하지도 않는다. 어쩌다 친구에게 만나
자고 갑자기 부탁하면 바쁘다는 답이 돌아온다. 당신이 울적한 마
음에 친구에게 전화를 걸 때면 받지 않는다. 이마저 여러 번 반복
되니 전화도 잘 하지 않게 된다.

어떻게 들리는가? 당신은 좋은 마음으로 친구를 위해서 잘해주
고 싶었을 것이다. 친구가 힘들어하면 마음이 아프고 당신까지 모
른 척하면 안 될 것 같아서 내가 도와주면 친구의 문제가 해결될
수 있지 않을까 믿고 싶은 것이다.

그러나 이렇게 주고받는 비율의 차이가 큰 관계에서는 경계가
무너진다. 당신은 그런 역할을 하는 사람이 되어버렸기에 당신에
대한 고마움은 당연함이 되었고, 당신은 이제 와서 서운함을 토로
할 수조차 없어졌다.

덜 주고, 더 받아보자. 계산적이 되라는 말로 들릴 수 있지만, 관
계의 균형을 잡으라는 의미로 받아들이면 좋겠다. 당신에게 주는
사람들한테는 고마움을 표현하고, 선물 받는 기쁨을 더 누려보자.
"받는 게 익숙하지 않아서……"라고 말하기보다는 "고맙다. 기쁘
다"라고 말하자.

당신이 일방적으로 주기만 하던 사람들에게는 주는 비율을 줄이거나 조절할 것을 권한다. 그들에게 당신이 원하는 것을 요구해보자. 나를 위해 약간의 돈과 시간과 정성을 써줄 수 있는지 부탁하는 것이다. "한 가지 부탁하고 싶은데, 괜찮아?"라고 말해보자.

이렇게 주고받기의 균형을 잡아갈 때 상대가 어떤 반응을 보일 것이다. 이전보다 덜 주게 되면 어떤 사람은 이제 와서 갑자기 왜 그러느냐며 화낼 수도 있다. 반대로 긴 세월의 수고를 고마워하면서 이제 자신이 무언가를 해줄 수 있다는 것에 기뻐하는 사람도 있을 것이다. 그 조정의 시간을 통해 당신은 그동안 얻은 것과 잃은 것이 무엇인지 깨달을 수 있다.

**나를 위한 밥상부터** ———

코칭에서 만난 삼십 대 후반의 지현 씨는 희생 시나리오와 인정 시나리오를 가진 사람이었다. 가까운 사람들을 제대로 돌보지 못할 때면 죄책감에 빠졌고, 인정과 관심을 받지 못할까 봐 걱정과 불안도 높은 편이었다.

지현 씨는 많이 지쳐 있었다. 몸에 통증이 잦았다. 잠을 잘 못 자고, 하루건너 위경련을 앓았다. 그러던 중 우연히 내 강연 영상에서 "자기 보호의 원칙! 관계에서 자신을 먼저 돌보세요"라는 말을 들고서 홀린 듯 코칭을 신청하게 됐다.

지현 씨는 맞벌이를 하면서도 남편과 육아 분담을 하지 않는다. 다른 사람의 육아 도움도 일절 받지 않는다. 아이들이 엄마를 원하기 때문이다. 게다가 부모님을 도맡아 챙기고, 회사에서는 각종 프로젝트와 모임에 이름이 올려져 있다.

"힘들 텐데요. 그럼 정작 자신은 어떻게 돌보시나요?"

"저는 그럴 시간이 없는 것 같아요."

사람들이 지현 씨를 찾을 때면 뭔가 살아 있다는 느낌을 받는다. 바쁘면 쓸모 있는 사람처럼 느껴진다. 그러다가도 한 번씩 무너진다. '왜 이러고 사는지' 모르겠는 날에는 외롭고, 눈물만 난다. 대상이 불명확한 분노가 몰려올 때도 있다. 누구한테 화가 나는지 모르겠지만 가슴에서 열꽃이 핀다. 그럴 때면 '이렇게까지 하는데 도대체 나는 누가 돌봐주나?' 싶은 생각이 든다.

지현 씨는 일찍 돌아가신 어머니를 대신해 아버지를 살뜰하게 보살피는 책임을 맡았다. 아버지와 애매한 경계선에 있었다. 다른 형제자매가 없는 지현 씨는 아버지와 필요 이상으로 밀착됐던 것이다. 어릴 적부터 '착하다, 기특하다, 고맙다'라는 말을 들으며 자라는 동안 슬픔과 좌절과 두려움을 표현하지 못하게 됐다. 대신 눈치를 보면서 먼저 배려하는 사람이 되었다.

매일 아버지의 밥상을 차리면서 지현 씨는 정체성을 확인했다.

'나는 이 집에 필요한 사람…… 맞지?' 했다. 아버지를 위해 무엇인가를 할 때면 '엄마도 없는 나는 뭐지?'라는 생각은 하지 않을 수 있었다.

그런데 밥상을 만들어 바쳐야 하는 대상이 자꾸 늘어간다. 아버지에게 했듯이 남편에게, 아이들에게, 주변 사람들에게까지 끝이 없다. 누군가의 밥상을 차려야 한다면 나부터 밥을 챙겨 먹는 게 당연한데, 제 밥상은 차려 먹지 못하고 있다.

"나를 위해서는 어떤 밥상을 차리고 싶으세요?"라는 내 질문에 지현 씨는 한참 울었다. 지금껏 들어보지 못한 말이었고, 동시에 예전부터 간절히 듣고 싶은 말이었기 때문이다.

나를 위한 밥상을 차린다는 것은 내 욕구를 챙긴다는 뜻이다. 나에게 소중하고 의미 있는 무엇을 포기하지 않고 소유한다는 것이다. 그러기 위해서는 내 것이 아니거나, 꼭 내가 아니어도 되는 일을 구분하고 덜어내야 한다.

지현 씨는 혼자 꼭 해야 할 일과 그렇지 않은 일을 구분해보려고 끙끙거리더니, 이내 죄다 자신이 해야 하는데 어떡하느냐며 울상을 지었다. 나는 그녀가 의무로부터 조금씩 자유로워질 수 있도록 몇 가지 질문을 했다. 지현 씨는 불안해했지만, 조금씩 자신이 '가질 것'만 가지고 비워내기 시작했다.

꼭 해야 할 일과 그렇지 않은 일을 구분하는 질문

Q 그 일을 안 하면 어떤 일이 벌어질까요?

A 아이들이 엄마를 좀 찾겠지만…… 사실 대단한 일이 일어나지는 않을 거예요.

Q 그 일은 당신의 _____ 보다 중요한가요?

A 아니요. 건강이 가장 중요하죠.

Q 그 일을 하지 않음으로써 당신은 무엇을 얻게 될까요?

A 오로지 저를 위해서 시간을 쓸 수 있죠.

Q 주변의 도움을 요청할 수 있는 방법으로는 무엇이 있을까요?

A 남편과 상의해볼게요. 그 시간에 아이를 돌봐달라고.


Q 그 일을 안 하면 어떤 일이 벌어질까요?

A _____

Q 그 일은 당신의 _____ 보다 중요한가요?

A _____

Q 그 일을 하지 않음으로써 당신은 무엇을 얻게 될까요?

A _____

Q 주변의 도움을 요청할 수 있는 방법으로는 무엇이 있을까요?

A _____

마음의 방화벽을 만드는 연습도 했다. 방화벽이란 본래 건물에서 발생한 화재가 더 이상 번지지 않도록 막는 역할을 한다. 나는 어떤 일을 하지 않으려 할 때 죄책감이 밀려오는 것을 막아내고, 외부로부터 자신을 지키는 도구로 그 방화벽을 사용한다.

예를 들어 아이들이 주말에 함께 놀아달라고 칭얼거린다. 엄마는 병원에도 가고 몸을 좀 돌보고 싶은데 말이다. 예전 같으면 무조건 아이들에게 맞췄다. 그래야 좋은 엄마라고 느껴지기 때문이다. 만약 아이들을 두고 밖으로 나가면 나쁜 엄마라는 죄책감에 짓눌리곤 했다.

드르륵. 방화벽을 내린다. '몸을 잘 돌보고 싶다'는 자신의 욕구에 집중한다. 그리고 남편에게 두 시간만 아이들과 놀아달라고 부탁한다. 정당하게 소유한 두 시간 동안 병원에 가고, 산책을 하고, 책을 읽는다. 그렇게 집에 다시 돌아오면 에너지가 채워진 상태로 아이들을 만나게 된다는 것을 경험하고 있다.

당신도 시도해보자. 할 일을 가지치기하고, 책임이 아닌 것은 넘기자. 불안감과 죄책감의 화염이 닿지 않도록 방화벽을 내리고 당신의 것에 집중하자. 그리고 나를 좀 도와달라고 요구해보자. 내가 원하는 것을 명확하게 보여주는 것이다. 그렇게 마음이 내 것으로 꽉 차고 나면 주변 사람들과의 관계가, 그리고 작은 일상이 어떻게 달라지는지 체험해보기를 바란다.

당신이 애매한 경계선을 명료한 경계선으로 바꿔가는 과정에서 누군가 당신의 죄책감을 자극할 수도 있다. 당신의 독립을 원하지 않는 사람이 있기 마련이다. "너 갑자기 왜 그러니?", "네가 어떻게 그럴 수 있니?", "내가 살아 있을 때 잘해라! 후회하지 말고"라는 식으로 말이다.

얼마 전 한 강연에서 독립을 고민 중인 이십 대 남성이 한 말이 생각난다.

"제가 장남이거든요. 집에서 저한테 원하는 직업이 있는데…… 저는 그 일을 하고 싶지 않습니다. 그런데 부모님은 저더러 집안 망신이라고 하세요. 장남은 집안의 기둥이라고…… 제가 원하는 직업은 무조건 안 된다고만 하십니다. 부끄럽게 하지 말라고요. 그래서 독립을 준비 중인데…… 나쁜 자식이 되는 건 아닌지 두렵습니다."

삐이—! 경계 위반이다. 이번에도 내 것과 네 것을 잘 구분해야 한다. 장남에게 높은 기대를 거는 것은 부모의 것, 진로를 내가 원하는 방향대로 선택할 자유는 내 것이다. 부끄러움은 부모의 것이지, 자녀의 것이 아니다.

부모가 상의하고 조언해줄 수는 있지만, 당신을 탓하고 협박해서 무엇인가를 얻으려는 것은 사랑의 방식이 아니다. 사랑이라면 목적만큼 과정과 방식에서도 예의를 갖춰야 한다. 지혜로운 사랑의 끝은 자립과 독립을 돕고 축하해주는 것이다.

나는 주저 없이 대답했다.

"어느 지점에 오류가 있는 걸까요? 내가 원하는 직업을 경험하고 소유할 권리인가요? 협박과 죄책감을 통해서라도 아들을 바꾸고 싶어 하는 권력일까요? 부모님의 응원과 지지를 받지 못한다는 것은 유감입니다만, 죄책감은 사양하세요."

남자는 기운을 얻었는지 고개를 끄덕이면서 "사실은 혼자 살 집을 벌써 얻어놓았습니다. 그래도 걱정되는 마음에 질문을 했는데 대답을 들으니 안심이 되고 힘이 됩니다"라고 한결 밝은 표정으로 자리에 앉았다.

나는 조금 더 이야기를 보탰다.

"주체적인 선택을 할 때는 연습이 필요합니다. 어떻게 단번에 나다운 선택을 잘 해낼 수 있겠어요? 나중에서야 자기 선택을 후회할 수도 있어요. 그러나 그때도 기억해야 합니다. 그것은 당신에게 필요한 실수였다는 것을요. 우리는 언젠가 부모를 이겨봐야 합니다. 그때부터 진짜 내 인생 이야기를 만들어가는 겁니다."

또한 내가 원하는 선택과 부모의 기대가 다를 때는 싸우려 들기보다 자신의 결정권과 소유권을 설명하는 대화 방식을 따르는 것이 좋다. 드라마 대사처럼 "그럼 자식 없는 셈 치세요!"라거나 "그렇게 말하는 부모가 어디에 있어요?"라는 대꾸는 서로 감정만 상하게 할 뿐이다.

내가 죄책감을 받아들이지 않으면 된다. 그리고 말할 수 있어야 한다. 내 선택을 존중해달라고, 그럴 수 있다면 부모님의 지지와 응원을 받고 싶다고 말이다. 그 마음을 전하면 된다. 부모가 그러하듯이 자녀도 부모 역할의 경계를 함부로 넘어가지 말아야 한다.

미안한 마음이 들 수는 있다. 그러나 죄책감이 습관이 되면 안된다. 건강한 관계를 위해 거리감을 재정비하고 있다는 것을 기억하자. 구기 종목은 처음 배울 때보다 잘못 굳어진 자세를 교정할 때가 더 힘들다. 그러나 고치기 어렵다고 틀린 자세를 유지하면 결국 탈이 난다. 불편해도 바꿔야 몸과 마음이 상하지 않으면서 오래 잘할 수 있다. 그렇게 생각해야 한다.

당신이 너무 많은 책임과 의무를 느낀다면 당신을 중심에 두고 관계의 경계선을 다시 그려보기를 권한다. 그리고 내 것과 네 것을 구분하고, 주고받기의 균형을 맞추자. 이런 관계의 규칙이 명확해져야 다른 사람들도 애매하게 당신의 영역을 침범하려고 시도하지 않는다. 허술한 경계를 보면 한 발 두 발 내딛고 싶어진다.

내부지향 시나리오를 위한
## 5단계 경계선 만들기

경계는 사람과 사람 사이에 친밀감과 대화 방식을 결정짓는 심리적 거리감입니다. 내 것과 네 것, 그리고 우리 것에 관하여 명확한 경계선을 세우는 연습을 시작해보세요.

### 1단계 | 경계선을 확인하기

종이 한 장을 준비하세요. 다음과 같이 한가운데에 내 이름을 쓰고 그 주변으로 가까운 사람들의 이름도 써보세요. 그들과 각각 어떤 경계선을 유지하고 있는지 살펴보세요. 명료한 경계선은 - - -로, 애매한 경계선은 ·······로, 경직된 경계선 ———로 표시하면 됩니다.

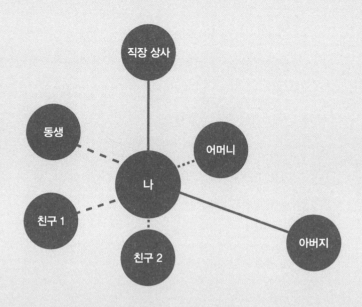

**2단계 | 내 것과 네 것을 구분하기**

경계선이 애매한 사람과는 '내가 해야 할 것'과 '네가 할 수 있는 것'을 잘 구분해야 합니다. 모호한 태도를 보이지 말고 명확하게 말해보세요.

⭕ "걱정되시죠. 그렇지만 제가 해야 하는 일이에요."

❌ "죄송해요. 제가 잘했더라면……."

❌ "도대체 제가 어떻게 하기를 원하세요?"

### 3단계 | 주고받기의 비율을 조절하기

누군가에게 도움을 받는다면 감사와 기쁨의 마음을 적극적으로 표현하세요. 일방적으로 주기만 하는 관계가 있다면 상대에게 당신이 원하는 것을 요구해보세요.

- ⊙ "고마워. 기쁘다."
- ⊙ "한 가지 부탁하고 싶은데. 괜찮아?"
- ✘ "받는 게 익숙하지 않아서……."
- ✘ "나는 신경 쓰지 않아도 돼."

### 4단계 | 내 욕구를 위해 할 일을 가지치기

역할, 의무, 책임 등으로 바쁘다면 내가 꼭 해야 하는 일과 그렇지 않은 일을 구분하세요. 마음의 방화벽을 내리기 어려울 때는 다음 질문에 대답해보면서 가지치기를 시도하세요.

- ⊙ 그 일을 안 하면 어떤 일이 벌어질까요?
- ⊙ 그 일은 당신의 _____보다 중요한가요?
- ⊙ 그 일을 하지 않음으로써 당신은 무엇을 얻게 될까요?
- ⊙ 주변의 도움을 요청할 수 있는 방법으로는 무엇이 있을까요?

**5단계 | 죄책감은 사양하고 응원과 지지를 부탁하기**

　건강한 거리감을 가지려 할 때 당신을 비난하는 사람이 있다면 죄책감은 받아 오지 마세요. 삶의 소유권과 선택권이 당신에게 있다는 것을 명료하게 말하면 됩니다.


　⊙ "제 선택을 존중해주세요."

　⊙ "가능하다면 당신의 지지와 응원을 받고 싶습니다."

　✖ "네…… 그럴게요. 어쩔 수 없죠……."

　✖ "그냥 나쁜 자식이라고 생각하세요."

# 생활시간표를 재편하기
## – '시간'에 대하여

**당신의 시간을 어떻게 쓰고 있는가?** ─────

삶의 중요한 자원들, 이를테면 시간과 돈 같은 것을 어디에 어떻게 사용하는지 살펴보면 생활의 중심축을 무엇에 두고 있는지 짐작할 수 있다. 그중에서도 시간표는 삶의 균형 감각을 보여준다.

타인지향 시나리오를 가진 사람들은 시간의 균형점이 무너져 있다. 그들의 시간은 안과 밖의 차원으로 나누어 보자면 밖을 떠돈다. 특히 인정 시나리오를 가지고 있을 때 자신의 기능과 쓸모를 갈고닦거나, 타인에게 인정받기 위해 자신을 조율하는 데 시간을 과도하게 사용한다.

내부지향 시나리오로 그 방향을 바꾸는 방법 중 하나는 시간을 재편하는 것이다. '채움'과 '비움'의 균형, '함께'와 '혼자'의 균형,

'타율'과 '자율'의 균형, '나'와 '너'의 균형을 맞추는 관점에서 시간을 조정할 수 있다.

2장에서 인정 시나리오에 대해 얘기할 때 종선 씨(98쪽 참고)를 만났던 것을 기억할 것이다. 종선 씨는 최근에 영업팀장으로 승진했지만, 비참한 리더십 평가를 받고 좌절하여 나를 찾아왔다. 코칭 초반에는 이토록 열심히 일하는 자신에게 어떻게 그런 일이 일어날 수 있느냐면서 화를 냈다. 그리고 자신을 아직 알아보지 못하는 사람들에게 능력을 더 보여줄 수 있는 방법을 찾고 싶어 했다.

그러나 코칭 중반쯤 이르자 종선 씨는 '일상을 재건하기'로 목표를 수정했다. 다른 사람들의 인정과 평판을 좇다가 무너뜨린 일상의 시간을 회복해야 자기감의 균형을 되찾을 수 있다는 것을 깨달았기 때문이다.

"코치님의 말씀처럼 다른 동아줄이 더 필요해요. 저를 균형 있게, 더 단단하게 지탱해줄 만한 것들을 찾아봐야겠어요. 그래야 마음이 여유로워지고, 말도 덜 공격적이 될 것 같아요."

지금처럼 24시간이 온통 자신을 증명하는 일로만 사용되면 상황을 바꾸기 어렵다. 일하는 공적 시간이 아닌 개인의 사적 시간으로 채워보기로 했다. 나는 종선 씨에게 과거에 어떤 시간을 보낼 때 편안하고 좋았느냐고 물었다. '무엇인가를 그냥 좋아서 했던 경험'에 관해서 질문한 것이다.

종선 씨는 한참 생각하더니 오래전 이야기를 꺼냈다. 새벽에 목적지를 두지 않고 달리는 것을 좋아했다고 한다. 심장을 뛰게 하는 시간이 자기 생명력을 느끼게 한다고, 아무에게도 간섭받지 않는 고요한 시간이 평온함을 준다고 덧붙였다.

그래서 종선 씨는 새벽에 눈을 뜨면 노트북을 켜는 대신에 일어나서 달려보기로 했다. 뺨에 닿는 차가운 바람을 느끼고 땅에 발을 힘차게 부딪으며 땀을 흘렸다. 몸을 움직이는 일은 나를 가장 가깝게 만나는 제일 쉽고 솔직한 방법이라는 것을 다시 기억해냈다.

얼마 후 종선 씨는 와인 책을 구입했다. 좋아하는 와인에 관해 좀 더 공부해보고 싶어서다. 관심 있는 와인이 생기면 주말에 먼 매장까지 가서 구매도 하고, 친구를 초대해 같이 마셨다. 주말에 일하지 않은 게 얼마 만인지 모르겠다며 활짝 웃었다.

종선 씨는 여전히 도전적인 상황에 놓여 있지만, 확실히 마음의 여유가 생겼다고 말한다. 우선 잠을 예전보다 잘 잔다. 두통이 줄었으며, 회의 시간에 덜 경직되고, 예민해지는 것도 한결 덜하다. 팀원이 예상하지 못한 부정적 반응을 보일 때도 '내가 뭔가 보여 줘야 한다'라는 생각이 덜 들었다.

종선 씨는 이제 와서 돌아보니 그동안 팀원들 역시 힘들었겠다고도 말한다. 내 실력을 인정받으려 하기보다는 나처럼 인정받고 싶어 하는 팀원들의 마음을 알아줘야겠다고 했다. 누구에게나 잘

해내고 싶은 마음이 있을 텐데 그 마음을 더 들여다보겠다며 천천히, 그러면서도 자신 있게 고개를 끄덕였다.

당신의 말이 밖을 떠돌지 않고 안에서 만들어지려면 생활시간을 재편해야 한다. 안정된 자기감은 나와 너의 균형, 내면과 외면의 균형을 찾는 그 사이에서 나온다. 타인지향 시나리오에 갇혀 있다면 내 생활시간표를 확인하면서 하루 24시간을 '나'의 '내면'을 채워나가는 데 써보면 좋겠다.


**나의 생활시간표 확인하기**

**VS.**
- 내가 가장 많이 쓰는 시간 : 회사에서 일하기, 작업하기, 전화 통화
- 나에게 가장 필요한 시간 : 명상하기, 산책하기, 잠자기


**VS.**
- 의무와 역할을 위한 시간 : 아이들 돌보기, 부모님 챙기기, 직원 면담
- 나를 위한 시간 : 일주일에 두 번 운동하기, 하루 30분 티타임과 독서


**VS.**
- 기능과 효율을 위한 시간 : 블로그 글쓰기, 유튜브 작업, 자료 조사
- 휴식과 비움을 위한 시간 : 거의 없음


**VS.**
- 내가 가장 많이 쓰는 시간 _____
- 나에게 가장 필요한 시간 _____

```
┌── 의무와 역할을 위한 시간 _____
VS.
└── 나를 위한 시간 _____


┌── 기능과 효율을 위한 시간 _____
VS.
└── 휴식과 비움을 위한 시간 _____
```

더 나은 내가 되기 위해서 채우는 시간이 있다면 비우는 시간도 필요하다. 어떻게 쉬면서 자신을 가만히 놓아둘 것인지 생각해보자. 삶에는 목적이 필요하지만, 목적 없는 행동은 당신을 숨 쉬게 한다. 목적을 향해 나아가는 과정에 더 머무르며 느끼는 시간도 충분히 보내야 한다.

누군가를 돕고, 배려하고, 희생하는 시간이 있다면 나를 돌보는 시간도 필요할 터이다. 어떤 지위와 역할을 수행하는 데 하루의 대부분을 쓰고 있다면 아무 타이틀도 달지 않은 나 자신으로서의 시간을 찾는 일이 중요해진다.

"자신만의 카렌시아를 가진 소는 종종 투우사를 이깁니다."

어느 명상 수업에서 전해 들은 이야기다. 스페인 투우 경기에서 소는 투우사의 자극에 흥분한다. 페이스를 잃고, 결국 죽음에 이른다. 그러나 투우사들이 두려워하는 소가 있단다. 바로 자신만의 '카렌시아'를 가진 소이다.

카렌시아란 소가 잠시 쉬면서 호흡을 고르고 안정감을 되찾는 장소를 의미한다. 그곳에서 소는 몸과 마음의 균형을 되찾는다. 투우사는 그런 소를 금세 알아본다고 한다. 그런 소를 만나면 긴장하고 당황해서 실수를 하게 되어 투우사가 종종 다치거나 목숨을 잃기도 한다고 들었다.

우리에게도 카렌시아가 필요하다. 경쟁, 평가, 인정에서 벗어나 호흡을 가다듬고 본래의 나를 되찾을 수 있는 시간과 공간 말이다. 카렌시아를 가진 사람들의 말은 편안하면서도 힘이 있다. 물론 주변에서도 그런 사람들을 알아본다.


### 남을 기쁘게 하려고 태어난 게 아니다 ─────

내가 둘째 아이의 출산을 얼마 앞두지 않았을 즈음, 삼십여 년만에 친엄마와 연락이 닿았다. 갑작스러운 일이었지만, 상상 속에서 수천 번도 더 그려본 일이었다. 나는 한 번쯤은 만나야 한다는 것을 알고 있었다. 왜 딸을 두고 떠났느냐고 원망을 실어서 따져 물으려는 작정은 아니었다. 꼭 하고 싶은 말이 있었다.

한정식 집에서 어색한 인사를 나누고 난 뒤, 친엄마는 어디서부터 꼬인 실타래를 풀어내야 할지 난감해했다. 남편 이야기가 적절하다고 생각한 듯 아빠와의 삶이 얼마나 고됐는지 얘기했다. 우리는 각자 서로 다른 지점에서 중간중간 울었다.

과거 속을 헤매던 친엄마는 자신이 기억하는 나에 관한 몇몇 에피소드를 끄집어냈다.

"어릴 때 말이야, 너는 참 기특한 딸이었어. 심부름을 보내면 가게 주인들이 어쩌면 아이가 이렇게 영특하냐고들 했지. 피아노를 시켜도 다른 아이들은 힘들다고 징징거리는데 너는 그러는 법이 없었어. 끝까지 참고서 잘해냈지. 다른 건 몰라도…… 너는 나를 기쁘게 해줬어."

그 이야기를 듣자마자 내가 해야 할 말이 무엇인지 명확하게 깨달았다. 그리고 주저하지 않고 답했다.

"나는 엄마를 기쁘게 해주려고 태어난 게 아니에요. 엄마에게 조차 예쁨을 받기 위해 잘 보이려고 그토록 애썼으니 아이가 무척 힘들었겠어요."

부모가 이혼하고, 엄마가 여러 번 바뀌고, 돈이 없어서 두려움과 서러움에 시달리는 동안 무엇이 가장 힘들었는가를 묻는다면, 당연히 엄마가 나를 선택하지 않았다는 사실과 누구에게서도 충분한 돌봄을 받지 못했다는 사실일 것이다.

그에 못지않게 슬픈 것은 그 사실들이 나에게 각인되어 오랜 시간 남의 눈치를 보면서 살았다는 진실이다. 친엄마의 말들은 내 시나리오가 어디에서 시작됐는지 상기시켰다. 나는 친엄마에게도 환영받지 못한 존재라는 생각으로 나의 존재나 가치를 증명하기 위해 조용한 전투를 매일 벌여야 했다.

돌아보면 칭찬은 나를 키웠다. 사람들이 지켜보면 겁 없이 도전하고 해낼 때까지 매달렸다. 넘어져서 무릎에 피가 나도 사람들이 보고 있으면 하나도 안 아픈 것 같았다. 전혀 힘든 줄 몰랐다. "안 해요. 못 해요"라는 말보다는 "해볼게요. 해냈어요"라는 말을 많이 하고 살았다.

초등학교 6학년 때 옆 반 담임선생님은 복도에서 마주친 나에게 "너희 선생님한테 네 이야기를 많이 들었다. 너는 어쩌면 그렇게 못하는 게 없니?" 하면서 머리를 쓰다듬어줬다. 나는 씨익 웃으면서 "감사합니다!"라고 인사하고는 뒤돌아섰다. '나를 알아봐준다'는 생각에 가슴이 뛰었다.

나는 유용한 사람이 되어갔다. 선생님이 머리를 쓰다듬어줬지만, 상사는 엄지손가락을 치켜세워줬고, 고객은 더 높은 미션을 던져줬다. 그들을 "실망시키면 안 돼!"라는 인정의 회전목마는 쉴 틈 없이 돌았다.

인정 시나리오의 가장 큰 단점은 멈추기 어렵다는 것이다. '더 이상 칭찬받지 못하게 되면' 경쟁력을 잃고 쓸모없는 인간으로 무너질 것 같았다. 누군가 "좀 쉬엄쉬엄해"라고 걱정해줄 때면 고속도로에서 주행 중인 나에게 "핸들을 잠시 놓아봐. 그래도 괜찮아"라고 말도 안 되는 조언을 하는 것처럼 느껴졌다.

"나는 당신을 기쁘게 하기 위해 태어난 사람이 아닙니다"라는 말을 내가 진심으로 받아들이게 된 것은 몸이 아프고 마음이 힘들어지기 시작한 이후였다. 앞에서 박수를 친 사람이 뒤에서 내 뒷말을 할 수 있다는 것을 알게 됐을 때, 일하느라 툭하면 끼니를 거르고 커피믹스를 열 잔씩 마셔대는 나의 모습을 직시했을 때였다. 애초부터 불필요했던 자격증이나 증명서 같은 것을 만들겠다고 그렇게 떠돌았던 것이다.

내가 친엄마에게 그 말을 했을 때 '무슨 생뚱맞은 소리냐?' 하는 표정이었다. 우리는 여전히 누군가를 내 마음에 흡족하도록 조련하면서도 무엇이 잘못됐는지 모른다. 제 눈으로 보기에 스스로 괜찮은 사람이어야 더 단단하게 성장한다는 것을 모른다.


당신도 나처럼 남들이 높여주는 말을 좇아서 여기까지 왔다면 이 말을 곁에 두면 좋겠다. 우리는 누군가를 기쁘게 하려고 태어나지 않았다. 삶은 1인칭 시점에서 살아야 한다. 세상에 존재하는 온갖 기쁨을 내가 직접 경험해야 한다는 뜻이다.

남들을 위해 웃으면 속으로 울 일이 많아진다. 나를 위해서 웃을 수 있는 시간이 필요하다. 나를 위해 아껴둔 시간이 얼마나 되는가? 누군가 그런 걸 왜 하느냐고 물으면 "그냥", "좋아서", "특별한 이유는 없어"라고 말할 수 있는 활동이 있는가? 그게 무엇인지 생각해보자.

정신과 의사인 문요한은 『오티움』에서 우리에게는 내적 기쁨을 주는 능동적 여가 활동이 필요하다고 조언한다. 자기 인생을 살아간다는 것은 '자기 지도me map'를 만들어가는 것이다. 자기 지도는 나를 발견하고 탐색해나갈 때 그려갈 수 있는데, 나를 발견하고 탐색하기 위해서는 내 영혼을 기쁘게 하는 놀이를 찾아서 체험해야 한다.

코칭에서 만난 사람들은 저마다의 방식으로 '나를 기쁘게 하는 시간'을 만들어갔다. 선배에게 복종적인 두려움을 느꼈던 소희 씨(143쪽 참고)는 피아노를 다시 배우기 시작했다. 어릴 적에 어머니가 피아노 학원을 강제로 끊어버렸다. 그 장면이 소희 씨의 기억에 오래 남았다. 계속 피아노를 배우고 싶었지만 말할 수 없었다. 그때의 슬픔과 분노까지 함께 저장되어 있었다.

소희 씨는 다시 피아노 앞에 앉았다. 하얀색 커버에 덮인 갈색 피아노를 보는 것만으로도 너무 좋았다. 동시에 이제는 내가 나를 위해서 무엇인가를 할 수 있는 어른이라는 것도 깨닫는 중이다.

무엇이 나를 기쁘게 하는지 찾아보자. 유행이나 트렌드를 따라가보는 것도 괜찮지만, 오래전 자신에게 좋은 기억을 남겨준 경험,

어릴 적에 하고 싶었지만 할 수 없었던 활동, 그냥 마음이 끌려서 더 배워보고 싶어진 공부를 시작해보는 것도 훌륭하다.

### 나에게 필요한 시간을 탐색하기

나는 혼자 조용히 걸으며 산책할 때 마음이 편안해진다.

나는 나무와 흙 냄새를 맡는 동안에 '그냥 좋다'라는 느낌이 든다.

나는 예전에 피아노를 칠 때가 즐거웠다.

나는 언젠가 꼭 미술 학원에 다녀봐야지 생각하곤 했다.

나를 위해서 요리를 하고 싶다.


나는 _____ 할 때 마음이 편안해진다.

나는 _____ 동안에 '그냥 좋다'라는 느낌이 든다.

나는 예전에 _____ 할 때가 즐거웠다.

나는 언젠가 꼭 _____ 해봐야지 생각하곤 했다.

나를 위해서 _____ 하고 싶다.


다른 사람들에게 축하를 받는 인생보다 스스로 나를 위해 기뻐할 줄 아는 인생이 훨씬 단단하게 여문다. 실수하고 실망해도 덜 창피하고, 자신에게 덜 가혹할 수 있다. "역시 네가 해낼 줄 알았다"면서 건네는 화려한 꽃다발을 기다리지 말자. 뭔가를 잘하지 않아도, 그냥 그런 하루를 보내도 내가 좋아하는 꽃 한 송이를 곁에 두는 삶이어야 훨씬 자주 웃게 된다는 것을 기억하기를 바란다.


**어떤 사람과 함께 시간을 보내야 할까?** ————

사람은 인정과 칭찬의 온기를 좇는다. 그것은 냉랭한 가슴을 지피고 기운이 나게 한다. 그러나 우리가 다른 사람들을 만족시키기 위해서 존재하는 것이 아니다. 칭찬이 거름과 양분으로 사용될 수 있지만, 칭찬받는 사람이 목표가 되는 것은 위험하다.

특히 어릴 적부터 무조건적인 존중과 사랑을 충분히 받지 못한 사람, '네가 ○○하면 내가 ○○를 줄게'의 관계 방식에 길든 사람에게 '칭찬'은 치명적인 독이 될 수 있다.

『나를 아프게 하지 않는다』를 쓴 정신건강의학과 전문의 전미경은 우리 주변에는 만사를 자기 뜻대로 하려는 '컨트롤 프릭 control freak'이 있다고 말한다. 이 용어는 심리학 속어로, 자신을 둘러싼 모든 것을 좌지우지하려고 시도하는 사람이라는 뜻이다.

인정과 칭찬으로 움직여온 사람들은 컨트롤 프릭이 노리는 대상이 되기 쉽다고 저자는 설명한다. '자신의 존재 가치'에 대한 긍정적 경험이 부족한데, 잘못된 칭찬과 부추김에 노출되면 자신이 원하지 않는, 타인에게 통제받는 삶을 살아간다는 것이다.

살다 보면 자신이 원하는 것을 손에 넣기 위해 타인을 도구로 삼는 데 능한 사람들을 만나게 된다. 칭찬에 목마른 얼굴을 한 사람은 그런 사람들에게 쉽사리 이용된다. 이런 관계에서는 칭찬이 위험한 도구로 변질되고 만다.

필요할 때는 칭찬을 당근으로 사용했다가 여의치 않으면 당근을 빼앗고 채찍을 휘두르기 때문이다. 컨트롤 프릭은 자신의 원칙과 기준을 주변 사람이나 연인이 따라주지 않을 경우 강박적으로 상대를 비난하거나 폄하하여 따르도록 한다. 자기 목적을 달성하는 도구로 상대를 사용할 뿐인 것이다. 그러나 컨트롤 프릭의 칭찬이라는 마약에 이미 길든 사람은 채찍을 맞으면서도 먼저 떠나지 못한다.

2장에서 만난 호영 씨(102쪽 참고) 이야기를 다시 해보자. 호영 씨는 모든 사람에게 사랑받고 싶어 했다. 회사 직원들도 자신을 떠나지 못하게 하려고 배려와 호의를 선을 넘게 베풀었다. 그러다가 종종 자신을 이용하는 사람을 만난다.

"저에게는 대표님밖에 없어요"라는 말을 들으면 호영 씨는 자신이 가진 것을 퍼주곤 했다. 돈을 빌려주거나, 회사 규정을 어기면서까지 편의를 봐주거나, 문제를 대신 해결해주러 다녔다. 모른 척하면 자신을 떠날 것만 같았다. 누가 자신에 대한 애정을 드러내면서 존중한다는 말을 하면 그게 '내 편'이라는 말로 들렸다.

나중에서야 그들이 자신을 이용하고 있었다는 것을 깨닫는다. "'잘한다, 고맙다, 최고다' 하면 다 해주더라"는 뒷말도 들었다. 그런 일이 반복되면 결국 사람들은 나를 좋아하지 않는다는 생각에 사로잡혀 더 외롭고 힘들었다.

우리는 이런 경험에다가 '칭찬한다고 따라가지 않기'로 이름을 붙였다. 어릴 적에 어른들은 "사탕을 준다고 쫓아가면 안 된다"라고 주의를 주었다. 그 말은 여전히 유효하다. 당신과 당신의 인생을 달콤한 사탕으로 유인하여 자기만족을 채우려는 사람을 경계해야 한다.

"잘한다, 잘한다" 하면서 당신을 조련하려는 사람에게, 죽어라 일하고 있는데 "고작 이거야? 나를 좀 웃게 해봐!" 하는 표정을 짓는 사람에게, "너는 착한 아이잖니. 나를 위해 그 정도도 못 해주니?" 하며 허락 없이 등에 업히려는 사람에게 더 이상 사탕을 원하지 않는다고 말해야 한다.

그럴 수 있다면 "잘한다. 정말 대단해"라는 말을 습관처럼 쓰는 사람보다는 함께 기뻐하는 사람 곁에 머물라고 권하고 싶다. "네가 해내기만 한다면!"이라고 보상을 내걸지 않는 사람, "네가 좋아하니까 나도 좋다"라고 말하는 사람과 가까이 지내면 좋겠다.

어릴 적에 어른들은 칭찬 스티커를 가지고 아이의 행동을 교정했다. 숙제를 제때 하고, 영어 단어를 더 외우고, 착한 말을 쓰고, 엄마 심부름을 하면 가지고 싶던 것 중 하나를 얻을 수 있었다. 그때는 '내가 왜 이 게임에 참여하는가?'라는 질문을 해본 적이 없다.

그러나 타인의 칭찬 스티커를 모으기만 해서는 어른이 될 수 없다. 답을 하는 데만 길들면 내가 원하지 않는 경기에 참여해서 나에게 필요하지 않은 선물을 받아 들고 와야 한다. 다른 사람의 박수와 환호에 웃으면서도 정작 내가 원하는 것에 관해서는 말할 수 없게 되어버린다.

질문하는 방법을 배워야 한다. 나에게 내가 질문하는 방법 말이다. 호기심을 가지고 나에 관한 진실을 하나라도 더 알기 위해 수많은 물음을 던지고 찾아야 한다. 원하거나 원하지 않거나, 끌리거나 끌리지 않거나, 나답거나 나답지 않거나 하는 그 모든 것을 조금이라도 더 알기 위해 치열하게 질문해야 한다. 질문은 삶의 주도권을 가져오게 한다.

그럼 어떻게 질문을 시작해야 할까? 실은 어떤 질문이든 좋다. 나에 관해 더 알아보겠다는 자세만 갖추면. 스스로를 비난하거나 잘못을 추궁하려는 의도만 아니라면 다 괜찮다. 보통은 코칭에서 매시간마다 다음과 같은 질문들을 한다.

나에게 필요한 질문들

감정 : 지금 당신은 어떤 감정을 느끼나요?

감정 : 당신이 잘 느끼지 못하는 감정은 무엇인가요?

욕구 : 결국 당신이 원하는 것은 무엇인가요?

욕구 : 당신이 원하지 않는다는 것을 어떻게 알 수 있나요?

가치 : 당신이 가장 중요하게 생각하는 우선순위는 무엇인가요?

가치 : 당신에게 중요하지 않은데도 시간을 쓰는 일이 있나요?

믿음 : 당신이 스스로 옳다고 생각하는 것은 무엇이죠?

믿음 : 당신이 받아들이기 힘든 진실은 무엇인가요?

자원 : 이 일을 통해 확인한 당신의 장점 혹은 강점은 무엇인가요?

자원 : 지금까지 그 일을 버텨낸 당신 내면의 힘은 무엇인가요?

결과 : 이 일을 하게 되면 당신은 무엇을 얻게 될까요?

결과 : 그 일을 하지 않을 때 당신에게 어떤 일이 벌어지죠?

과정 : 이 일을 하느라 당신은 무엇을 잃어버리게 될까요?

과정 : 당신은 그 일을 하는 중에 무엇을 배웠나요?

진실 : 당신의 속마음은 뭐라고 말하고 있나요?

진실 : 당신이 차마 드러내지 못하는 이야기는 무엇이죠?

대응 : 다시 그런 상황이 온다면 당신은 뭐라고 말하고 싶어요?

대응 : 지금 다시 한다면 당신은 어떻게 다르게 하고 싶어요?

지지 : 무슨 말로 당신 자신을 응원하고 싶나요?

지지 : 당신이 가장 듣고 싶은 말은 무엇인가요?

관점 : 당신이 현재 보지 못하고 있는 것은 무엇일까요?

관점 : 당신이 더 넓은 시야를 가지려면 무엇이 필요할까요?


 사람의 감정, 욕구, 가치, 믿음, 자원, 결과, 과정, 진실, 대응, 지지, 관점에 관한 다양한 질문이다. 이 질문들은 얼마든지 필요에 따라 변형하고 확장할 수 있다. 이렇게 셀프 대화를 하다 보면 안테나가 내 안으로 더 깊이 감지한다. 나 아니고서는 누구에게서도 답을 찾아낼 수 없는 데이터가 쌓이면서 자기감이 만들어진다. 그것이 바로 내부지향 시나리오이다.

 자신에게 질문하는 실력이 어느 정도 쌓이면 스스로 질문을 만들어볼 수도 있다. 코칭에서는 "당신 자신을 위해 이번 주에는 어떤 질문을 해보겠어요?"라고 직접 묻기도 한다. 자신의 방향과 속도와 주제에 따라 맞춤형 질문이 만들어지고 한 주 동안 틈틈이 그 질문에 답을 채워간다. 이번 주에 만난 사람들은 이런 질문들을 스스로 만들어냈다.

 "'언제 나 자신이 마음에 드나요?' 그 순간을 포착해볼게요."

 "'아무것도 하지 않으면 무엇을 얻게 될까?' 그 질문의 답을 찾아보고 싶어요."

"'나답게 살기 위해서는 무엇을 멈춰야 할까?' 이 질문에 대해 생각하고 기록해 올게요."

이렇게 자기 삶에 질문을 던지고 자신만의 답을 찾는 사람과, 칭찬 스티커를 받기 위한 답을 찾는 사람은 무엇이 어떻게 다를까? 스스로 질문하는 시간을 보내는 사람들은 더 깊고 예민한 자기 감각을 키울 수 있다. 자기 질문에 주도성과 책임감이 발휘되고 자기 신뢰와 확신이 만들어진다.

『스틸니스』를 쓴 라이언 홀리데이Ryan Holiday는 우리는 무엇보다 더 많이 고요하기를 원해야 한다고 주장한다. 진짜 필요한 소리를 들으려면 목소리가 부재한 시간이 필요하다. 이에 대해 홀리데이는 "정보를 제한하고 소리를 작게 줄여야 우리 삶에서 일어나는 일을 더 깊이 알 수 있다. 짧은 시간이라도 입을 다물면 마침내 세상이 우리에게 하려고 했던 말을, 혹은 우리가 스스로에게 하고 싶었던 말을 들을 수 있게 된다"라는 설명을 덧붙였다.

질문의 시간은 고요의 시간이기도 하다. 남들의 박수 소리를 좇는 사람들은 침묵을 가져야 한다. 환호와 거리를 둔 채 주변이 조용해지면 자신과 대면해 나누는 대화도 늘어난다. 질문과 고요가 만나는 그곳에서 새로운 이야기를 만들어갈 수 있다.

## 남의 비판을 곱씹는 데 내 시간을 쓰지 말 것 ──────

누군가에게 싫은 소리를 듣는 것은 싫다. 내 노력을 알아주지 않을 때, 오히려 그것밖에 못 하느냐는 군소리를 들을 때, 전후 상황을 다 알지도 못하는 사람들에게 괜한 오해를 받을 때면 속상하고 억울하다.

타인지향 시나리오를 가진 사람들은 특히 비판에 강하게 반응한다. 적당히 탁탁 털어낸 후 두 손을 주머니에 넣지 못하고 심장을 끌어안는다. 인정을 받지 못했다는 자체가 힘들뿐더러 불완전한 내 존재의 문제로 부풀려지기 때문이다.

자신이 기대한 평가를 얻지 못하면 뭔가 잘못됐을 것이라며 부정하고, 화를 내기도 한다. 끝없이 자신을 몰아세우면서 상대의 생각이 틀렸음을 증명하고 싶어 안달을 낸다. 그러나 우리가 알아야 할 점은 그러는 사이에 우리 시간이 타인의 만족을 위해 소모되고 있다는 것이다.

내부지향 시나리오로 바꿔가려면 사람들의 의견과 충고를 적당히 걸러낼 줄 알아야 한다. 무시하자는 말은 아니다. 그런 비판에서 도망치느라 진을 빼거나, 비판을 뒤집을 만한 노력을 하는 데 너무 많은 힘과 시간을 사용하는 일을 그만둬야 한다는 것이다.

이십 대 후반쯤인가 처음으로 대기업에서 워크숍 과정을 운영했다. 일종의 강의 신고식이었다. 내 직업의 잔혹한 면 중 하나는 강의가 끝나면 곧바로 5점 만점 중 몇 점이라는 점수를 부여받는 것인데, 그날도 예외는 아니었다.

함께 워크숍을 진행한 선배가 나의 점수와 주관식으로 작성된 피드백 용지를 건넸다. 내가 겨우 이 정도밖에 안 된다고? 인정하고 싶지 않은 결과였다. "나이가 어려서 뭘 잘 모르는 듯했다", "강제로 참여시키려 해서 불편했다", "앞 시간의 강사가 더 나아 보였다" 같은 말들에 흠씬 두들겨 맞았다.

며칠 밤을 제대로 잘 수 없었다. 그들을 만족시키지 못했다는 자책감과 선배가 나를 어떻게 생각할까 싶은 불안함으로 몸이 덜덜 떨릴 정도였다. 줄곧 명치끝이 아프면서 소화가 안 되고, 다른 강의에 들어가는 것도 싫었다.

그날의 강의는 수많은 강의 중 한 번이었다. 게다가 처음 시도한 과정이었다. 수년간 강의를 했지만, 큰 기업에서 해당 주제로 강의해본 적은 없었다. 게다가 지금까지 다른 강의들에서는 좋은 성적을 많이 받았다. 그러나 타인지향 시나리오의 덫에 한번 빠져버리면 다른 진실은 도움이 안 되었다.

이 일에서 깨달은 것이 있다면, 타인들이 던지는 비판적 피드백을 통째로 받아 오면 안 된다는 점이다. 내 몫의 분할을 제대로 하지 않으면 타인지향 시나리오의 소용돌이에서 허우적거리다가 제풀에 지쳐서 떨어져 나갈 수 있다.

먼저 누군가 당신에게 따끔한 말을 하거든 그중에서 절반은 상대에게 돌려줘야 한다. 당신을 도우려고 해준 말처럼 들리겠지만, 실상은 자기만족을 위해 던진 말이라고 생각하면 된다.

내 나이를 언급한 사람은 경험이 많은 강사를 원한 것이고, 강제로 참여시키려는 것이 불편했다는 사람은 그냥 자신을 편하게 내버려뒀으면 좋겠다고 말한 것이다. 그들이 무엇을 원하는지 알았으면 그들의 불만을 내 몫으로 소유하지 말고 원래 주인에게 돌려줘야 한다.

그러고 나면 절반 정도가 남는다. 이번에는 당신이 지금 할 수 없는 것을 또 절반 떼어내야 한다. 내가 받은 피드백 중에서 경험과 경력이 부족해 보인다는 것은 참이다. 그러나 밤새 끙끙 앓는다고 금세 달라질 방도는 없다. 그러니 그만큼은 우선 덜어내는 것이 옳다.

자, 이제 반의반이 남았다. 바로 우리가 시간을 들여서 노력해볼 수 있는 것들이다. 나도 동의할 수 있는 것, 나에게 도움이 되는 것, 내가 시도해볼 수 있는 것이 분명히 있다.

그때의 나는 잘하고 싶은 마음이 클수록 조급해졌다. 말하는 속도가 빨라졌으며, 질문할 때도 몰아붙이듯 던져놓고 기다리지 못했다. 긴장하면 내 목소리는 더 강하고 날카로워졌다.

앞으로 새로운 강의를 어떻게 시작하면 좋을지 대안을 찾는 데 내 시간을 썼다. 먼저 불안한 호흡을 가다듬고, 내 앞에 앉아 있는 사람들을 여유롭게 둘러본 후, 편안하게 웃는 연습을 했다. 그렇게 첫 오 분 동안 낯선 환경에 적응하기 위해 무엇을 해야 할지 계획하며 준비할 수 있었다.

남들의 비판에 잔뜩 짓눌려 있을 때는 연단에 똑바로 서 있기도 어려웠다. 사람들이 나보고 강의할 자격이 없다고 하는 것 같았다. 내가 계속 이 일을 해나갈 수 있을지 암담해졌다. 그러나 내가 연습한 대로 몇 번의 강의를 해내고 나니 마이크의 무게가 훨씬 가벼워졌다.

우리가 아름다운 조각상이라고 생각해보자. 처음에는 하나의 덩어리였을 것이다. 아직 구체적인 형태가 드러나지 않은. 다른 사람들이 무심코 건넨 비판의 말에 시간을 지나치게 사용하는 것은 그들이 원하는 대로 여기저기에 망치질을 해대는 것과 같다. 정을 들고 다른 사람들이 제각각 기대하는 대로 막무가내로 쪼게 된다. 그렇게 되면 나답게 아름다운 형상을 구현하지 못하고 망쳐버린다.

정과 망치는 당신의 손에 들려 있다. 어디를 더 깎아내고 다듬을 것인지 스스로 선택해야 한다. 남들의 비판이 자석이라도 되는 것처럼 이끌리지 말자. 내 몫이 아닌 무게를 덜어낸 후, 나 자신을 성장시키는 데 시간을 유용하게 사용해보자.

내부지향 시나리오를 위한
# 5단계 생활시간표 다시 짜기

시간이라는 귀한 자원을 나를 위해 사용하면 삶의 기준을 '나'로 이동시킬 수 있습니다. 다음 5단계를 거쳐서 '밖'이 아닌 '안', '채움'이 아닌 '비움', '일'이 아닌 '쉼'의 시간을 늘려가는 연습을 시작해보세요.

### 1단계 | 시간의 균형점을 확인하기

내 생활시간표를 관찰해보세요. 내가 무엇을 하느라 가장 많은 시간을 쓰는지 확인하고 하루 24시간 중에서 나에게 필요한 시간, 나를 위한 시간, 휴식과 비움의 시간을 늘려보세요. 그렇게 내 내면이 채워져야 말이 안정감 있게 입 밖으로 나갑니다.

```
┌── 내가 가장 많이 쓰는 시간 : _____
VS.
└── 나에게 가장 필요한 시간 : _____


┌── 의무와 역할을 위한 시간 : _____
VS.
└── 나를 위한 시간 : _____


┌── 기능과 효율을 위한 시간 : _____
VS.
└── 휴식과 비움을 위한 시간 : _____
```

**2단계 | 내가 기쁠 수 있는 시간을 만들기**

타인을 만족시키는 데 많은 시간을 사용해왔다면 이제부터는 당신 자신을 기쁘게 할 수 있는 일들을 찾아봅니다. 다음 문장들을 완성하면서 내적인 만족감을 높이는 활동을 발견하세요.

- 나는 _____ 할 때 마음이 편안해진다.
- 나는 _____ 동안에 '그냥 좋다'라는 느낌이 든다.
- 나는 예전에 _____ 할 때가 즐거웠다.
- 나는 언젠가 꼭 _____ 해봐야지 생각하곤 했다.
- 나를 위해서 _____ 하고 싶다.

### 3단계 | '칭찬하는 사람'과 '함께 기뻐하는 사람'을 구분하기

어떤 사람과 함께 시간을 보내는가는 말의 시나리오에 큰 영향을 미칩니다. 인정과 칭찬으로 당신을 조종하려는 사람들을 멀리하세요. 조건과 보상을 내걸지 않고 당신의 기쁨을 함께 좋아해주면서 축하할 줄 아는 사람들 곁에 머무세요.

- **O** "네가 좋아하니까 나도 좋다."
- **O** "나도 이렇게 좋은데 너는 얼마나 기쁘겠니!"
- **X** "네가 해내기만 한다면!"
- **X** "고작 이거야? 나를 더 만족시켜봐!"


### 4단계 | 나를 위한 질문을 찾아서 스스로 답하기

남들의 박수 소리를 좇아온 사람들은 자신과 대화할 수 있는 침묵의 시간을 가져야 합니다. 남들이 요구하는 답만 찾지 말고, 당신에게 필요한 질문을 찾아서 스스로 답해보세요.

- **O** "오늘 나에게 필요한 질문은 무엇일까?"
- **X** "저 사람이 원하는 정답이 뭘까?"

### 5단계 | 남의 비판을 곱씹는 시간을 줄이기

타인의 평가에 예민한 사람들은 특히 부정적인 비판을 곱씹으며 아파하느라 많은 시간을 허비합니다. 화를 내며 자책하는 시간을 줄이고 당신을 위한 성장의 시간으로 바꿔가세요.

**⊙** "_____ 은 내가 노력해볼 수 있겠어. 어떻게 다른 방식으로 시도해볼 수 있을까?"

**⊙** "저 사람은 _____ 라고 느꼈구나. 그렇구나."

**✕** "거봐, 망했어! 나는 어쩔 수 없어!"

**✕** "두고 봐! 어떻게 나한테 그런 말을 할 수 있지?"

# 나, 너, 우리를 함께 보기
## -'시야'에 대하여

**대화할 때 자신만 들여다보는 이유** ————

이런 상황을 생각해보자. 고객에게 전화를 걸었다. 신호가 몇 번 갔는데 상대가 전화를 그냥 끊어버리는 것이 아닌가. 왜 그랬을까? 회의 중이거나, 운전 중이거나, 전화를 받는다는 것이 잘못 끊었거나, 당장 집중해야 할 일을 방해받고 싶지 않았을 수 있다.

그러나 타인지향 시나리오를 가진 사람들, 특히 결함 시나리오를 반복해온 사람들은 '내가 싫어서 그런가?', '지난번에 뭔가 마음에 안 든 것이 분명해'라는 이야기로 이어간다. 전화를 한 번 받지 않은 상황이 갑자기 심각한 분위기로 전환되어 상대의 회신이 오기까지 걱정하고 불안해한다.

이때 그들의 시야가 '나'에 갇혀 있다는 것을 알 수 있다. '나'라는 변수를 너무 크게 주목하느라 충분히 가능한 조건들을 다양하게 고려하지 못한다. 대화를 할 때도 마찬가지다. 수치심에 한번 발을 들이면 다른 것을 보지 못하고 상황을 악화시키는 경우가 종종 있다.

코칭에서 만난 이십 대 후반의 영주 씨가 그랬다. 영주 씨는 얼마 전에 이직했다. 첫 회사에서 영업을 했는데 이번에는 지원팀에서 일하게 됐다. 그런데 수개월이 지난 지금까지도 적응을 못 하는 것 같다며 괴로워했다. 동료들이 기대하는 역할을 다하지 못하고 있다는 압박감에 힘들어했다.

영주 씨의 시나리오 주제는 '나는 언제나 부족해'였다. 그 태도는 무심코 입 밖으로 뱉어졌다. 예를 들면 이런 식이다.

직원 : 이번에 저희 팀을 좀 지원해주실 수 있을까요?

영주 : 제가 제대로 아는 게 없는데…….

선배 : 아, 이번 주에는 너무 바쁘네…….

영주 : 제가 아무런 도움이 안 되어 어떡해요…….

그럴 때면 상대는 말을 더 이어가지 못했다. 영주 씨의 반응에 어떻게 대응해야 할지 당황스러워했고, 영주 씨를 격려하자고 들면 긴 설명을 보태야 했다. 그러나 영주 씨는 그런 분위기를 읽어내지 못했다. 자신이 느끼는 불편함 이외에 다른 것을 보지 않았다.

한번은 선배와 외근을 나가는 길이었다. 영주 씨가 운전을 하고 선배는 조수석에 앉았다. 그런데 출발한 지 얼마 안 되었는데 영주 씨는 벌써 불편해졌다. 뭐라고 말해야 할지, 어떻게 지금 분위기를 이끌어야 할지 갑갑해진 것이다. 잠시 후 선배가 눈을 감는다. 영주 씨의 마음속에서 자꾸 이런 말이 들려온다.

'아…… 도대체 어떻게 된 아이가 이런 말주변도 없을까?'

'얼마나 나를 답답하게 생각할까?'

선배는 왜 눈을 감았을까? 쉬고 싶었을까? 뭔가를 생각하는 중인가? 후배와의 동행이 불편했나? 직접 묻기 전에는 진실을 알 수 없다. 그러나 이번에도 영주 씨는 '나는 언제나 부족해'라는 시나리오를 가동해버렸다. '내가 말솜씨가 없어서 그래'라는 생각은 영주 씨를 더 긴장시키고, 결국 아무 말도 할 수 없게 만든다.

모든 결과에는 내 몫도 있고, 타인의 책임과 상황의 변수라는 것이 있기 마련이다. 차 안에서의 상황도 마찬가지다. 후배가 재치 있게 이끌 수 있었으면 좋았겠지만, 운전까지 하는 후배를 위해 선배가 편안한 분위기를 만들 수도 있지 않았을까.

그러나 영주 씨는 대화할 때 자기 마음만 본다. '아, 불편해!'라고 느끼면 습관처럼 자신을 낮추면서 도망친다. 상대의 감정이나 욕구에는 별 관심이 없다. 자신을 낮추는 말들이 상대를 더 난감하게 만들 수 있다는 것도 생각하지 못했다.


**고개를 들어 상대를 볼 것** ─────

타인지향 시나리오를 가진 사람들은 '나'에게서 빠져나와 전체를 보는 연습이 필요하다. 영주 씨와도 대화할 때 시야를 넓히는 연습을 시작했다. 영주 씨는 자주 수치심과 불편감을 경험했는데, 그 순간에 자기 안으로 깊숙이 들어가는 것을 멈추고 고개를 들어서 상대를 봐야 한다.

상대를 본다는 것이 무슨 뜻일까? 지금 이 순간에 상대가 무엇을 느끼며(감정), 어떤 것을 원하고 기대하는지(욕구) 알아내는 것이다. 우리는 영주 씨가 실제로 나눈 대화들로 대처 시나리오를 만들어 롤플레잉을 해봤다.

예를 들면 이전에는 누가 "이번에 저희 팀을 좀 지원해주실 수 있을까요?"라고 물으면 "제가 제대로 아는 게 없는데……"라고 우물쭈물했다. 그러나 상대를 보면서 대화하면 다르게 바꿀 수 있다.

코치 : 그때 상대는 어떤 감정을 느꼈을까요?

영주 : 조급함, 힘듦, 미안함…….

코치 : 그럴 수 있겠네요. 그럼 무엇을 원하고 있었을까요?

영주 : 인력을 채워주기를 원했겠지요.

코치 : 그럼 당신에게는 무엇을 기대했을까요?

영주 : 사실…… 대단한 일이 아니라 일손을 약간 보태달라는 정도였을
거예요.

코치 : 그렇겠네요. 그럼 지금 영주 씨가 발견한 것들을 하나의 문장으
로 만들어볼래요?

영주 : 음…… "일손이 급하시군요. 혹시 작은 일에서라도 제가 도움이
될 수 있을까요?"

코치 : 네, 훨씬 유연하고 편안한 말로 들리는데요!

영주 씨는 이렇게 대처하는 문장을 함께 만들어가면서 자신감
을 얻었다. 자신을 낮추지 않으면서도 상대를 배려할 수 있을 것
같다고 좋아했다. 이제 실전만 남았다. 그러던 중에 드디어 선배와
대화하면서 미리 연습한 말을 사용할 때가 왔다.

고개를 숙여 나만 보며 대화할 때

선배 : 이번 미팅에 따라갈래?

영주 : 제가요……? 제가 그 자리에 가서 할 수 있는 일이 있을까요? 오

히려 미팅에 방해가 될 텐데…….

선배 : 그래……? 불편하면 안 가도 되고. (그래도 가보면 좋을 텐데……)

영주 : 네…… 다녀오세요…….


**고개를 들어 상대를 보며 대화할 때**

선배 : 이번 미팅에 따라갈래?

영주 : 네, 미팅 분위기를 미리 익혀보라고 저한테 기회를 주시는 거죠?

선배 : 응, 그래. 같이 가서 그냥 듣기만 하면 돼. 편하게 앉아 있다가 오자.

영주 : 네, 기회를 주셔서 감사합니다.

선배 : 하하. 그래!


　예전에 영주 씨는 선배의 제안에 '내가 할 수 있는 게 뭐가 있겠어!' 하면서 도망가려고만 했다. 그러면서도 그렇게 말하는 자신을 한없이 부끄럽게 느끼곤 했다. 미팅에 참여하더라도 한마디 못하고 앉아 있는 자신을 가혹하게 평가했을 것이다.

　그러나 이번에는 상상 속 수치심에 빠지지 않으려고 조심한다. 그리고 고개를 들어 선배를 보면서 선배의 입장에서 선배의 감정과 욕구를 파악하려고 노력했다. 자신을 깎아먹는 말을 반사적으로 내뱉는 대신에 상대의 마음을 헤아려보기로 한 것이다. 후배에게 기회를 주고 싶어 하는 마음이 보인다.

"네, 미팅 분위기를 미리 익히라고 저한테 기회를 주시는 거죠?"

영주 씨가 예전과 다르게 말하고 나니 선배의 표정도 밝다. 무엇보다 영주 씨의 마음이 한결 편안해졌다. 수치심도 느껴지지 않는다. 오히려 대화를 유연하게 이끈 것 같다는 만족감에 뿌듯했다.

영주 씨는 조금씩 성공 경험을 만들어가고 있다. 직원들과의 티타임이나 퇴근 후 치맥 회식에도 따라나섰다. 신기한 일은 수치심에서 빠져나와 사람들과 대화를 시작하자 새로운 진실들과 마주하게 됐다는 것이다. 영주 씨는 다른 직원들이 자신을 답답한 사람으로 평가할 것이라 믿어왔는데, 그와 달리 대화하기 편한 사람으로 생각한다는 것을 알았다.

그리고 속마음을 나누면서 모두가 하나같이 자신의 미숙함과 앞으로의 진로에 대해 고민하고 있다는 것도 알았다. 다른 사람들 역시 탁월하지 못한 자신을 맞닥뜨릴 때마다 괴로워하면서도 매일같이 출근한다는 것을 확인한 것이다. 영주 씨는 '나만 그런 게 아니었구나. 다들 그랬구나' 하는 안도감을 느꼈다.

내친김에 코칭 과제에도 도전해보기로 했다. 영주 씨는 스스로를 'C- 직원'으로 대하고 있었다. 바로 옆자리에서 일하는 직속 선배가 파티션 너머에서 눈코 뜰 새 없이 바빠 보이면 '나는 무능해서 도움이 안 되는구나'라는 생각에 혼자 이러지도 저러지도 못하곤 했다.

나는 진실을 확인해보면 어떻겠느냐고 제안했다. 선배에게 직접 물어보자고 말이다. 영주 씨가 정말로 'C- 직원'인지, 영주 씨에게 무엇을 기대하는지, 영주 씨가 앞으로 어떤 노력을 더 하면 좋을지 선배의 피드백을 들어보기로 했다.

이 질문을 하기 전까지 영주 씨에게는 많은 용기가 필요했다. 무능한 직원이라는 것을 확인하는 꼴이 되면 어쩌나, "안 그래도 너 때문에 힘들었다"라는 말을 들으면 어쩌나 두려웠다. 그러나 앞에서 얘기했듯이 어떤 감정은 동굴에 비친 그림자처럼 과장되어 있다. 걱정과 두려움의 실체를 보려면 진실을 피하지 않고 마주해야 한다.


코치 : 선배가 뭐라고 말해요?

영주 : 지금처럼만 일해달라는 것 있죠! 고맙다는 말도 들었어요. 제가
     고쳐야 할 점이 있을 때는 꼭 얘기해주겠다고 하셨어요.

코치 : 그 말을 들으니 영주 씨의 마음이 어땠나요?

영주 : 휴…… 오래 묵은 체증이 내려간 듯 시원해요. 해볼 수 있을 것 같
     은 자신감이 생겼어요.

코치 : '나는 언제나 부족해'라는 영주 씨의 시나리오에 할 말이 있을 것
     같은데요?

영주 : 네! 뭐, 저한테 부족한 점이 있겠지만…… 저는 괜찮아요! 잘하고
있고, 더 잘할 수 있어요!

영주 씨가 가진 결함 시나리오가 하루아침에 사라지거나 바뀌
지는 않을 것이다. 사소한 실수를 지적받을 때면 결함 시나리오가
또 '거봐!' 할지도 모른다. 그러나 그동안 자신이 보지 못했던 진
실을 많이 발견하면서 영주 씨의 시야는 한층 넓어졌다. 다음번에
는 '내가 보지 못한 것들이 있을지 모른다'는 가능성을 떠올릴 것
이다.

대화를 할 때는 고개를 들자. 배드민턴이나 테니스를 칠 때 자
기 라켓만 바라보는 사람은 경기를 잘 풀어갈 수 없다. 내가 친 공
이 어떻게 움직이는지, 또 상대가 내 공을 어떻게 받아 치려 하는
지 보려면 시선이 오가야 한다. 게임 전체를 볼 수 있어야 즐길 수
있다.

### 수치심을 조망하는 방법

이번에는 2장에서 결함 시나리오를 얘기할 때 만난 서영 씨(110쪽
참고) 이야기를 이어가보자. 서영 씨는 대화를 잘하다가도 순식간
에 '뭔가 잘못됐다'라는 느낌에 빠지곤 했다. 친구와 대화할 때도

친구가 던진 어떤 말 한마디가 원인이 되어 긴장하고 위축했다. 엄격한 아버지가 자신에게 그러했던 것처럼 서영 씨도 자기를 비난하면서 문제의 원인을 자신에게서 찾는 습관에 길들어 있었다.

서영 씨는 몇 차례 코칭이 진행되고 나서 목표를 수정했다. 처음에는 대화를 재치 있게 주도하는 방법을 배우고 싶어 했지만, 문제의 본질은 다른 데 있었다. 어떻게 하면 이 깊은 수치심과 거리를 두며 살아갈 것인가가 더 중요한 주제라는 것을 깨달았다.

"저는 대화 기술이 부족한 게 아니에요. 마음이 괜찮을 때는 다른 사람의 이야기를 잘 들을 뿐만 아니라 저와 대화하고 싶어 하는 사람도 있거든요. 아빠처럼 제 자신을 혼내는 것부터 멈춰야 할 것 같아요. 수치심과 거리를 두는 방법부터 찾아야겠어요!"

타인지향 시나리오를 가진 사람들은 자주 수치심이 일어난다. 그것과 거리를 두려면 가장 먼저 자신을 비난하는 목소리를 멈추는 것부터 시작해야 한다. 그래야 수치심에 반응하지 않는 시나리오로 바꿀 기회를 얻는다. 우리는 비판의 언어를 대체할 만한 '자기 연민'의 언어를 배워야 한다.

『러브 유어셀프』를 쓴 크리스틴 네프Kristin Neff에 따르면 자기 연민은 세 가지 요소로 구성되어 있다. 그중 첫 번째는 '자기 친절self-kindness'이다. 부적절감을 경험할 때조차 자신을 몰아붙이지 않고 이렇게 자애로운 마음으로 대하는 것을 말한다.

"그럴 수도 있는 거야. 괜찮아."

예를 들어 당신은 재미있는 분위기를 유도하지도, 재치 있는 말을 잘하지도 못하는 편이라고 해보자. 그럴 때 자신에게 친절한 사람들은 "사람들이 이런 너를 좋아할 리가 있겠니!"라는 식으로 독설을 퍼붓지 않는다.

자기 친절이란 "그럴 수 있어", "누구나 그래야 하는 것은 아니야", "그럴 때도 있는 거야"라고 자신에게 말해주는 것이다. 대충 넘어가려 하거나 사실과 다르게 치켜세우는 것을 뜻하지 않는다. 상황을 있는 그대로 부정하지 않으면서 따뜻한 목소리를 내는 것이다.

툽텐 진파Thupten Jinpa는 그의 책 『두려움 없는 마음』에서 자기 연민이란 스스로를 불쌍하게 여기는 것이 아니고, 자기만족과도 다르다고 설명한다. 평가를 통해 얻는 자부심도 아니다. 그저 곤경에 처하거나 실패했을 때 자기 자신을 이해하고 너그럽게 수용하는 것이라 말한다. 따뜻하게 보면서도 분명하게 보는 것이 연민인 것이다.

우리는 누군가에게 크고 작은 친절을 베푼다. 언제라도 마음만 먹으면 그럴 수 있다는 것을 안다. 당신 역시 예외는 아니다. 자신을 비판하는 시나리오가 가동되기 시작했을 때 언제라도 자신만의 친절함을 꺼내어 사용할 수 있다는 것을 기억해야 한다.

　자기 연민의 두 번째 요소는 '보편적 인간성common humanity'이라는 속성을 이해하는 것이다. 우리는 흔히 고통스러울 때 나만 이렇게 힘들고, 유독 나에게만 이런 시련이 내려진 것처럼 생각하는 경향이 있다. 지나치게 자기중심적이 된 나머지, 스스로를 고립시키고 만다.

　그러나 이것은 좁은 시야로 인한 무지다. 당신이 보거나 듣지 않으려 해서 그럴 뿐, 사람들은 모두 자기 몫의 고통을 견디며 살아간다. 코칭을 하면서 사람들의 사연을 들을 때마다 깨닫는 것은 눈물 없는 삶은 없다는 점이다. 가슴이 절절하게 먹먹하고 위태위태한 일들이 도처에 있다.

　그런데도 당사자들은 이런 문제가 생기는 것은 자신뿐이라고 믿는다. 자신이 무엇을 잘못해서 그렇다거나 유독 운이 나쁜 운명이라는 식으로도 말한다. 이처럼 나만 더 힘들다는 생각은 그만큼 더 특별해지고 싶은 마음에서 빚어진 오해이다.

　내 경험을 누구라도 겪을 수 있는 일반적 경험으로 바라볼 때 수치심과의 거리 두기가 가능해진다. 나에 대한 강박적 집착에서 고개를 들어야 누구나 자신과 가장 힘겨운 사투를 벌이고 있다는 것을 알 수 있다.

"다른 사람도 겪을 수 있는 일이야. 나만 특별한 것이 아니지!"

네프가 말한 자기 연민의 마지막 요소는 '마음챙김mindfulness'이
다. 이는 자신에게 일어나는 일을 있는 그대로 바라보는 것을 의미
한다. 억제하거나 회피하는 것을 뜻하지 않는다. 어떤 개입을 하기
전에 지금 여기에 주의를 기울이고 관찰하는 것이다.

마음챙김은 곧 알아차림이다. 알아차림에 관해서는 마지막 4장
에서 자세히 다룰 예정이므로, 여기에서는 네프의 설명으로 대신
한다.

네프는 마음챙김을 통해 고통을 조망할 수 있다고 말했다. 알아
차리게 되면 고통의 대상과 과잉 동일시를 하지 않을 수 있다고,
수치심에 강박적으로 매달려 '문제적 자기'로 반추하지 않고 좀
더 넓은 시야를 확보하게 된다고 말이다.

수치심이 찾아올 때 그것을 붙잡지 않아야 한다. 주목하고, 의미
를 부여하고, 해석할수록 수치심의 힘이 세지고 결국 압도당한다.
당신과 수치심 사이에 거리가 있다는 것을 알고서 수치심이 언제
어떤 방식으로 왔다가 사라지는지 관찰하는 연습을 해야 한다.

자기 친절과 보편적 인간성과 마음챙김을 이해할 때 우리는 수
치심에 관한 조망권을 획득한다. 싸워서 이길 수는 없지만 친절한

목소리를 내고, 넓은 시야로 나를 둘러싼 전체를 바라보려 노력하고, 수치심 자체를 관찰하는 과정에서 자기 비난과 비판을 멈추게 된 자신을 만날 것이다.

네프는 자신에 대해 좋아하지 않는 면을 알아차릴 때마다, 혹은 삶에서 뭔가 잘못되어갈 때마다 조용히 아래 문구를 반복해 읊조린다고 한다. 당신도 당신만을 위한 연민의 언어를 가지고 다니며 필요할 때마다 꺼내어 사용할 수 있으면 좋겠다.

"이것은 고통의 순간이다. 고통은 삶의 일부이다. 지금 이 순간 내가 나 자신에게 친절하기를. 내가 나 자신에게 필요한 연민을 줄 수 있기를."

### 나에게는 친절을, 상대에게는 호기심을 ———

자기 연민을 배워가던 중, 영주 씨는 자랑하고 싶은 일이 있다면서 코칭 시작부터 들떠 있었다. 직장 동료들과 점심시간에 있었던 일이다. 한 사람이 주식과 비트코인을 화제로 꺼냈다. 다들 그 주제에 열을 올리며 말을 주거니 받거니 했다.

영주 씨는 순간적으로 말문이 막혔다. 관련 지식도 경험도 없었기 때문이다. 일시적으로 어쩐지 사람들 사이에서 뒤떨어진 느낌이 든다. 대화에 낄 수 없으니 소외되는 것도 같다. '어서 한마디 해야 할 텐데'라고 생각하자 긴장감만 높아지기 시작한다.

그때 자기 연민을 떠올렸다. '이런 것도 몰라?'라고 자신을 차갑고 냉정하게 비난하는 마음의 소리가 시작됐다는 것을 알아차린다. 그 소리에 '아, 나는 그렇게 생각하는구나. 그렇구나'라고 답한다. 더 이상 파괴적인 자기 대화를 이어가지 않고, 거기서 멈춘다.

현재 느끼는 감각과 감정에 집중해본다. 따뜻한 목소리의 볼륨은 더 올린다. 누구에게나 관심 없는 분야가 있다는 것을, 누구도 자신에게 주식이나 비트코인에 관한 해박한 지식을 기대하지 않는다는 것을 스스로에게 말해준다.

### 자기 연민의 대화

마음챙김 : 당황했네. 압박을 느끼고 있어. 그것뿐이야.

보편성 인간성 : 사람마다 관심 없는 분야가 있어. 누구나 그래.

자기 친절 : 그럴 수 있어. 사람들은 나에게 엄청난 지식을 기대하지 않아. 괜찮아.


마음챙김 : _____ 을 느끼고 있어. 그것뿐이야.

보편성 인간성 : 사람마다 _____ 할 수 있어. 누구나 그래.

자기 친절 : 그럴 수 있어. 사람들은 나에게 _____ 을 기대하지 않아. 괜찮아.

218

자기 결함에 집중하여 수치심을 느낄 때 자신에게로 빠져서 구덩이를 파지 말라던 코치의 조언도 떠올린다. 자신에 대한 비난의 삽질을 멈추고, 고개를 들어 상대에게 주목해보려 노력했다. 사람들이 하는 말, 수시로 바뀌는 표정, 사소한 행동을 관찰하면서 찬찬히 대화에 집중한다.

건너편에 앉은 사람의 말에 귀 기울이면서 "나는 잘 몰라서 그러는데 비트코인이 뭐야?"라고 질문해봤다. 그랬더니 이게 웬걸, 사람들이 서로 설명해주려고 야단이 아닌가. 영주 씨가 특별히 뭔가를 하지 않았는데도 대화가 즐겁게 이어진다. 영주 씨가 대화에 끼어들지 못하고 있다는 것은 처음부터 전혀 문제 될 일이 아니었다.

수치심과의 거리 두기가 잘되면 영주 씨의 본래 모습이 드러난다. 침착하고 다정하고 사려 깊은 태도로 상대의 말을 경청하며 따라간다. 적절하게 질문하면서 상대가 더 많은 이야기를 풀어갈 수 있도록 안내해준다.

사람들의 관심을 주목시키거나, 농담으로 분위기를 전환하거나, 대화에서 새로운 화두를 던지며 자극하는 능력은 부족하다. 그러나 영주 씨가 이미 가진 자질과 재능으로 충분히 편안한 대화를 해나갈 수 있다.

대화하다 보면 누구나 어느 순간 남들에게 들키고 싶지 않은 수치심을 경험할 수 있다. 나만 모르는 것 같거나, 나만 소외당하는 것 같거나, 남들과 다른 것 같다는 느낌에 빠져들 수 있다.

수치심과 거리를 두면서 내게는 친절한 태도를 갖추고 상대에게는 호기심을 가져보자. 때론 낯선 말들이 늘어선 길을 그저 따라가다 보면 나에게 집중됐던 시야가 넓게 트이는 경험을 하게 된다. 그럴 때 본래의 나답게 말해도 그 상황과 가장 적절하게 어우러질 수 있다.

## 내부지향 시나리오를 위한
## 4단계 대화의 시야 넓히기

나와 너, 그리고 우리를 함께 볼 수 있는 시야가 확보될 때 대화는 자연스럽고 편안해집니다. 수치심과 자기 비난에 빠지지 않고 자기 친절과 호기심을 가지는 방법을 연습해보세요.

**1단계 | 내가 수치심을 느끼는 순간을 포착하기**

어떤 상황에서 결함 시나리오가 작동하는지 관찰하세요. 그것을 알아야 수치심을 피해 갈 수 있으니까요. 언제 다음과 같은 반응을 하거나 혼잣말을 하는지 돌아보세요.

❌ "제가 제대로 아는 게 없는데……."

❌ "제가 도움이 안 되어 어떡해요……."

❌ "나는 왜 이런 일조차 못하는 걸까?"

### 2단계 | 고개를 들어 상대를 보기

때론 지나친 자기 주목이 수치심을 강화합니다. 고개를 들어 대화의 시야를 넓히세요. 상대가 무엇을 느끼며(감정), 어떤 것을 원하고 기대하는지(욕구) 발견하여 말해보세요.

"이번 미팅에 따라갈래?"

⭕ 상대를 보며 대화할 때 : 네, 미팅 분위기를 미리 익혀보라고 저한테 기회를 주시는 거죠?

❌ 내 수치심에 주목할 때 : 제가요? 제가 그 자리에 가서 할 수 있는 일이 있을까요? 오히려 미팅에 방해가 될 텐데…….

### 3단계 | 수치심과 거리를 두기 위한 문장 만들기

자기 비난을 멈추고 수치심과 거리를 두고 싶을 때 크리스틴 네프가 권하는 자기 연민의 언어를 사용해보세요. 자신만의 문장(만트라mantra)을 만들어보는 것도 좋습니다.

"이것은 고통의 순간이다. 고통은 삶의 일부이다.

지금 이 순간 내가 나 자신에게 친절하기를.

내가 나 자신에게 필요한 연민을 줄 수 있기를."


### 4단계 | 자기 연민의 대화법을 사용하기

대화의 시야를 넓히려면 자신에게는 친절하고, 상대에게는 호기심을 가져야 합니다. 마음챙김, 보편적 인간성에 대한 이해, 자기 친절을 바탕으로 자신과 대화하여 당신이 가진 본래의 평정심을 회복해보세요.

- <input> 마음챙김 : _____ 을 느끼고 있어. 그것뿐이야.
- <input> 보편적 인간성 : 사람마다 _____ 할 수 있어. 누구나 그래.
- <input> 자기 친절 : 그럴 수 있어. 사람들은 나에게 _____ 을 기대하지 않아. 괜찮아.

## 4장

말을 멈추면 일어나는 일

이미 알아차렸겠지만, 이 책은 '말의 시나리오'라는 제목에 비하여 '말'이 생각보다 덜 등장한다. 오히려 말이 만들어지는 과정이나 머릿속에서 맴도는 혼잣말에 집중하고 있다. 그것이 말의 본질에 더 가깝다고 믿기 때문이다.

마지막 장에서는 그 혼잣말을 적극적으로 다뤄본다. 허둥지둥하면서 다른 사람에게 끌려다니지 않으려면 내면의 대화를 잘 알아차려야 한다. 타인지향 시나리오가 자극되는 그 순간, 당신의 내면에서 일어나는 자기 대화를 알아차리면 삶의 덫으로 작용하는 이야기를 멈출 수 있다. 그리고 그 방법을 아는 사람은 비로소 새로운 이야기를 써나갈 기회를 얻는다.

# 멈추어야 방향이 바뀐다

**우리는 '나'로 살아야 한다** ——

"꼭 몸이 죽도록 아파야 내가 힘들구나…… 알게 되더라."

며칠 전에 한껏 앓고 난 친구가 던진 말이었다. 우리는 어릴 적에 충분히 어리광을 부릴 수 있었다면 얼마나 좋았을까 하는 이야기를 이어갔다. 그랬더라면 어른이 된 지금, 아플 때 잘 알아차릴 수 있을 테니까. 적당히 사람들과 좋은 관계를 유지하면서 자신도 아끼고 보호할 줄 알 테니까.

정말 그렇다. 우리는 어릴 때 나의 감정과 욕구를 느끼고, 표현하고, 지지받는 일이 이토록 중요한 줄 알지 못했다. 어른들의 말에 말대꾸를 하거나 싫다고 하지 않고, 소리치며 울지 않으면 착한 아이가 되고, 그러면 행복해지는 줄 알았다.

그러나 아니다. 착한 아이는 타인을 만족시키는 사람이라는 뜻이다. 착한 아이는 남의 눈치를 봐야 하고, 분노하면 안 되고, 자신이 원하는 것도 양보해야 하고, 힘들어도 참아야 한다. 그래서 자기 삶의 조종석에 앉지 못하게 된다.

우리는 '나'로 살아야 한다. 때론 맛있는 음식에 눈치 없이 젓가락을 먼저 뻗을 수 있어야 하고, 소중한 것을 위해 분노를 뿜을 수 있어야 한다. 나에게 양보해주지 않겠느냐고 물을 수 있어야 하며, 그건 버거운 일이라 내가 하기 어렵다고 양해를 구할 수 있어야 한다.

그래야 경쟁과 협력, 의존과 독립의 레이스를 구분해서 뛸 수 있다. 또 중요하지 않은 것에 자존심을 내걸지 않고 물러날 수 있으며, 남을 위해 기다리고 배려하는 마음이 진심일 수 있다.

그러기 위해서 우리는 지금까지 분노를 되살리고, 경계를 세우고, 시간을 재편하고, 시야를 넓히는 과정에 관해 얘기했다. 이 과정을 통과하는 사이에 말은 달라진다. 당신의 내면이 다른 것으로 채워질 때 다른 소리가 나온다. 보다 편안하고 안정감 있게 대화할 수 있게 된다. 남의 눈치를 보지 않고, 진실하고 간결하게 말이 앞으로 뻗어나갈 수 있다.

## 남은 삶의 각본을 바꾸고 싶다면 ───

앞으로 한 가지 연습이 더 남아 있다. 바로 말을 멈추는 일이다. 우리는 새로운 시나리오로 바꿔가려는 노력과 기존 시나리오를 멈추려는 노력을 동시에 해야 한다. 타인지향 시나리오가 작동하는 순간을 알아차리고 내가 원하지 않는 이야기를 더 진행하지 않을 자신만의 방법을 가지고 있어야 한다.

말의 시나리오는 자동 항법 상태로 움직인다. 아무런 수고를 들이지 않아도 이미 정해진 항로를 따라 목적지까지 내달린다. 그렇다 보니 외부에서 당신의 취약점을 자극해올 때 특정된 감정을 느끼고 생각하기를 반복함으로써 새로운 시나리오로 바꿀 수 있는 기회를 번번이 놓친다.

그러나 다행스러운 점은 당장 바꾸기는 어려워도 멈출 수는 있다는 것이다. 정지할 수 있으면 방향을 바꿀 수 있는 기회를 얻기도 한다. 남은 삶의 각본을 바꾸고 싶다면 내가 원하지 않는 결말을 향해 엄청난 속도로 달려가는 이야기 열차를 멈추는 법을 터득해야 한다.

예를 들어 누군가 눈을 부릅뜨고 목소리를 높이면 나는 자동으로 긴장하며 두려움을 느낀다. 저 사람을 피하고 싶다는 생각으로 가득 차고, 그가 나에게 다가온다면 심기가 상하지 않게 최대한 맞추려는 말과 행동을 보인다.

이런 자극부터 반응까지는 눈 깜짝할 사이에 진행된다. 어떻게 손쓸 겨를도 없이 지나가기 때문에 우리는 말의 변화가 어렵다고 느끼는 것이다. 그러나 자극과 반응 사이에는 멈춤이 가능하다. 타인의 번뜩이는 눈빛을 보게 될 때 '아, 지금 내 시나리오가 작동되는구나'라고 알고서 그 순간에 멈출 수만 있다면 괜한 말들로 대화를 채우지 않을 수 있을 것이다.

마지막 장에서는 이처럼 말을 멈추면 일어나는 일에 관해 얘기해보려고 한다. 멈춘다는 것은 무엇인지, 그러면 무엇이 보이는지, 멈추고 나서 어떻게 해야 할지 알아보자. 그곳에서 우리는 나다운 숨을 쉬고, 더 좋은 선택을 모색할 수 있다.

# 지금 이 순간을 알아차리는 연습

**멈춘다는 것의 진정한 의미** ——————

'멈춘다'는 것은 '알아차린다'는 말과 같다. 당신의 말이 같은 이 야기를 반복하려고 할 때 자동적으로 흘러가게 두지 않고 알아차리는 것이다. 과연 이것만으로 어떤 변화가 일어날까?

예를 들어 당신이 식사를 급하게 하는 편이라고 해보자. 대개 오분 이내로 마친다. 갖가지 반찬의 맛이 어떤지 음미할 사이도 없이, 입안에서 음식의 풍미나 질감을 느낄 겨를도 없이 식도로 넘겨버린다. 곧잘 소화가 안 되는 느낌을 받고 때론 과식으로 이어지지만, 그 과정에서 아무것도 알아차릴 수 없었으므로 다음번에도 당신은 비슷한 방식으로 식사하게 될 것이다.

이때 알아차린다는 것은 식사하는 동안 내가 무엇을 먹고 있는지 아는 것이다. 저마다 다른 반찬의 빛깔과 냄새를 알아차릴 수 있다. 쌀알이 입속에서 맴돌 때 어떤 느낌을 주는지 알아차릴 수 있고, 씹을수록 단맛이 강해진다는 것도 알아차릴 수 있다. 포만감은 또 어떻게 차오르는지도 알아차릴 수 있다.

이렇게 되면 내가 평소에 얼마나 빠르게 식사하고 있었는지 새삼 깨달을 것이다. 그리고 예전에는 잘 느끼지 못했던 식사와 위장의 상관관계에 대해서 더 또렷이 인식할 것이다. 비로소 좀 더 천천히 식사할 것인지, 예전으로 돌아갈 것인지 생각해보게 된다. 만약 '좀 더 천천히 먹어야겠어!'를 선택한다면 이전보다 먹는 활동 자체를 더 누리게 될 것이다.

바로 이런 원리다. 알아차린다는 것은 당신을 관찰자 입장에 서게 한다. 과정을 느린 화면(슬로모션)으로 볼 수 있도록 한다. 그래서 오래되고 뿌리 깊은 당신의 감정, 생각, 행동이 어떻게 일어나는지 알게 한다. 그것을 바탕으로 시나리오와 말의 상관관계를 명확하게 이해하고, 시나리오와 어떤 관계를 유지할 것인지 생각해볼 기회를 준다.

이것을 '반응', 혹은 상대적 용어인 '대응'으로도 설명한다. 반응은 무슨 일인지 파악조차 못 한 채 자극에 끌려가는 것이지만, 대응은 지금 무슨 일이 일어나고 있는지 이해하는 것을 포함한다. 따라서 알아차리는 것만으로도 시나리오의 자동 항법 시스템은 힘을 잃고, 우리는 수동적 조절로 전환할 기회를 얻는다.

앞에서 자기 연민의 언어를 위한 세 가지 요소에 대해 들려준 크리스틴 네프도 이렇게 말했다.

"당신의 생각과 감정에 초점을 둘 때 당신은 더 이상 이야기 속에서 길을 잃지 않는다."

우리가 어떤 이야기를 반복하게 되는 이유는 '이야기'와 '나' 사이에 거리를 두지 못하고 휩쓸리기 때문이다. 같은 감정에 빠져버리고, 같은 생각에 빨려들고, 같은 행동을 지속해서 그렇다. 이야기를 바꾸고 싶다면 그러는 것을 억지로 막거나 회피할 일이 아니다. 물론 그렇게 억누른다고 이야기가 사라지지도 않지만. 다만 알아차리면서 이야기가 흘러가는 모습을 관찰하는 태도를 취해야 한다.

그렇다면 알아차림은 어떻게 시작할 수 있을까? 미국 매사추세츠대학교 의과대학 명예교수이며, 마음챙김 기반의 스트레스 감소 프로그램MBSR, Mindfulness Based Stress Reduction을 개발하여 널리 알려진 존 카밧진Jon Kabat-Zinn 박사는 마음챙김, 즉 알아차림이란 "독특한 방식으로 주의를 기울이는 것"이라고 설명한다.

마음챙김 훈련을 하다 보면 내 안에서 일어나는 다양한 일에 주의를 기울이고 알아차리는 연습을 한다. 호흡을 알아차리고, 감정을 알아차리고, 생각을 알아차리고, 몸에 일어나는 감각을 알아차리고, 걸으면서 나에게 생겨나는 일을 알아차리는 등 다양하다.

예를 들어 내 행동을 알아차리는 연습을 한다고 해보자. 그럴 때 마음챙김 훈련을 이끄는 사람은 "일어날 때 내가 일어나는지도 모르게 일어나지 말고, 일어나는 과정을 알아차려보세요"라고 말한다. 앉았다가 일어나는 과정에서 벌떡! 일어나지 말고 찬찬히 일어나면서 감지되는 모든 것을 '그저' 알아보면 된다.

지금 당신도 해볼 수 있다. 자리에 앉아 있다면 한번 일어나보자. 일어날 때 몸에서 어떤 감각이 느껴지는지, 어떤 소리가 나는지, 어떤 생각이 드는지, 만약 다른 잡생각들이 떠오른다면 그조차도 알아차린다. 이를테면 당신은 이런 것들을 알아차릴 수 있다.

허벅지에 힘이 들어가네. 그것을 알아차린다.
허리가 뻐근하네. 그것을 알아차린다.
무릎에서 소리가 나네. 그것을 알아차린다.
자세가 구부정했구나. 그 생각을 한다는 것을 알아차린다.

이때 '알아차리자'는 의도를 가져야 한다. 시간이 약간 느려진 듯 느껴지면서 몸의 곳곳이 예민해질 것이다. 이것은 집중과는 다르다. 억지로 힘을 쓰며 일부러 무엇을 더 찾아내려고는 하지 않

는다는 의미에서 그렇다. 모호하게 들릴지 모르지만, 바로 지금 이
순간에 어떤 일이 일어나는지 아는 것, 그것이 전부이다.


### 주의를 기울일 때는 부드럽고 친절하게

나는 지금 이 글을 순천으로 가는 KTX 안에서 쓰는 중이다. 집
중하면서 타이핑할 때는 무엇이든 써 내려가야 한다는 강박을 느
낀다. 오로지 흰 바탕에 검은 글자를 올리는 데 몰두한다. 그러나
알아차림은 이와 다르다.

글을 쓰면서 내가 인상을 찡그리고 있구나.

기차가 덜컹거릴 때 모니터가 흔들리고 내 엉덩이가 들썩거리네.

해야 할 일이 많아서 난감하면서도 만족스럽고 감사하네.

'퇴고해야 할 것이 많군'이라고 생각하는구나.


차이가 느껴지는가. 핵심은 '무엇을 했다'라는 결과가 아니라
'하는 중이다'라는 과정에 있다. 당신도 잠시 책 읽기를 멈추고 연
습해보자. 지금 이 순간에 책에 집중하는 것 말고도 책을 읽는 과
정에서 알아차린 것들을 아래에 작성해보자.

_____ 을 알아차린다.

_____ 을 알아차린다.

_____ 을 알아차린다.

내 제안을 그냥 넘기지 않고, 멈추어 지금 이 순간을 알아차린 사람은 알 것이다. 알아차리면 주변의 감각들이 생생하게 살아난다. 내가 어떤 시간과 공간에 있는지, 지금 여기에서 무엇을 해야 할지가 더욱 또렷해진다.

다시 말하지만 핵심은 당신의 신체감각, 감정, 생각, 그 무엇이든 알아차리는 것이다. 머릿속에 떠오르는 것을 부정하거나 바꾸려고 하지 않는다. "몸이 말을 안 듣네. 너무 늙었어!"라거나 "왜 나는 이런 것도 제대로 못 하지?", "이런 걸 한다고 뭐가 좋아져? 나는 부정적이야"라는 식으로 자신에게 평가와 비판의 소리를 하고 있다면 그마저도 "아, 그렇구나" 하고 다시 돌아오면 된다.

아, 내가 이렇게 느끼는구나.

아, 내가 이렇게 생각하는구나.

아, 내가 이런 경험을 하는구나.

나는 마음챙김 훈련을 하는 중에도 계속 더 잘 알아차리려고 애쓰는 자신을 발견하곤 했다. '아, 왜 잘 안 되지?', '이게 맞나? 좀 더 잘 알아차려야 할 텐데' 하면서 마음챙김의 모범이 되는 상태가 되기 위해 점검했다. 그때 수련을 돕던 선생님이 이런 말을 해주었다.

"부드럽고, 친절하게, 주의를 기울이세요."

그렇다, 부드럽고 친절하게 하면 된다. 애를 쓰며 잘해낼 필요는 없다. 마땅치 않은 자신을 발견할지라도 '내가 잘하려 하는구나. 그렇구나' 하면서 친절한 목소리를 불러와 그 순간을 알아차리면 그만이다. 그러면 그 순간의 생각과 감정은 어느새 흘러가서 사라져버린다.

타인지향 시나리오를 가진 사람들은 대화하는 동안 심장이 뛰고, 가슴에 압박감을 느끼고, 얼굴이 화끈거리고, 어깨가 움츠러드는 감각을 느끼곤 한다. 수치심, 불안, 죄책감, 두려움, 분노를 경험하고 내가 할 수 있는 일이 없다는 좌절감이나 모든 것이 내 탓이라는 자책감으로 가득 찬다.

그 순간에도 '부드럽고, 친절하게' 주의를 기울여서 알아차리면 된다. 내면에서 일어나는 부정적 대화 과정을 무시할 때, 그것을 거세게 질책하며 거부하려 들 때 우리 시나리오는 더욱 강력하게 우리를 가둔다. 억누른 감정과 욕구는 더 큰 탄성으로 되돌아오게 되어 있다.

당신이 가진 시나리오가 또다시 등장할 때 어떤 감각, 감정, 생각이 오가는지 관찰해보자. 그것을 바로 볼 때 잠시 쉬면서 호흡을 고르고 안정감을 되찾을 수 있는 공간이 생긴다는 것을 기억하자. 그 공간이 자신만의 카렌시아가 된다.

# 내면의 대화를 관찰하는 연습

**조용한 관찰자가 된다는 것** ────

서영 씨 이야기를 좀 더 이어가겠다. 우리는 그동안 서영 씨의 변화를 지켜봤다. 처음 나를 찾아왔을 때 서영 씨는 걱정이 많고 불안해 보였다. 사람들과 대화하다가 갑자기 멍해지고 어떻게 반응해야 할지 몰라서 쭈뼛거리게 되는 일이 잦았기 때문이다. 남들 앞에서 멍청하고 한심해 보일까 봐 두려워했다.

서영 씨는 말을 잘하는 방법을 배워서 유능하고 괜찮은 사람처럼 보이고 싶어 했다. 그러나 나는 대화 기술에 대한 언급 없이 서영 씨의 마음을 끈질기게 물었다. 지금까지 어떤 말의 시나리오를 가지고 살아왔는지, 그 시나리오가 언제 어떻게 반복되는지 찾아보자고 제안했다.

그렇게 자기 마음을 탐색하는 과정에서 서영 씨는 자신이 겪고 있는 어려움은 대화 기술만으로 바뀔 수 있는 것이 아님을 이해하게 됐다. 질문 기술과 경청 기술 같은 것을 배워도 서영 씨의 마음에서 수치심이 폭발하고, 자신을 질책하는 말들이 솟구치는 이상 소용이 없다.

서영 씨가 이 원리를 이해할 수 있었던 것은 '내면의 대화' 덕분이다. 다른 사람들과 대화할 때 우리는 밖으로 말을 드러내기 이전에 자신과 끊임없이 말을 주고받는 혼잣말 형태인 내면의 대화를 먼저 한다.

코칭에서는 '어떤 말을 내뱉는가?'가 아니라 이 내면의 대화를 알아차리기 위해 노력한다. 속으로 무엇을 느끼고, 생각하고, 경험하는지 인식하는 능력을 키우기 위해서 주의를 기울인다. 그것은 대개 섬광처럼 지나가기 때문에 주의를 기울이지 않으면 시나리오의 함정에 빠졌다는 것조차 인식하지 못한다.

그러나 알아차리면 '조용한 관찰자'가 된다. 자기 안에서 무슨 일이 일어나든 반응하지 않고 관찰함으로써 타인지향 시나리오가 작동하기 시작했다는 것을 알 수 있다. 그때 비로소 역기능적인 자기 비난도 멈출 수 있다.

서영 씨와는 이런 방식으로 내면의 대화를 연습했다.

코치 : 그 순간에 서영 씨의 내면에서는 어떤 일들이 일어났나요?

서영 : '내가 뭘 잘못했나?' 하는 생각이 웅웅거려요. 온통 그 생각뿐이죠.

코치 : 몸에는 어떤 변화가 생겨요?

서영 : 얼어붙어요. 손발이 갑자기 싸늘하게 느껴져요.

코치 : 감정은 어때요? 무엇을 느끼죠?

서영 : 수치심요. 나에 대한 분노 같은 것도 느껴지고요.

코치 : 분노에 가려져 그동안 보지 못했던 다른 감정도 있을까요?

서영 : ……슬픔이나 두려움도 있는 것 같아요.

코치 : 보통 그럴 때 나 자신에게 어떤 말을 했어요?

서영 : 도대체 너라는 아이는…… 멍청이같이!

코치 : 그러고 나면 상대에게는 어떻게 말하게 되죠?

서영 : 대화 주제를 돌리거나 대답만 하면서 그 상황을 피해요.


위와 같이 그때 자기 안에서 어떤 일들이 일어났는지 구체적으로 살핀다. 내 몸의 변화, 감정, 생각 등을 찬찬히 짚어간다. 알아차림에 대해 얘기할 때도 설명했듯이 이 과정은 내 시나리오를 멈추는 데 도움을 준다. 같은 상황이 실제로 다시 일어날 때 자동으로 반응하기 전에 관찰자 자리로 이동하도록 돕는다.

물론 당신도 해볼 수 있다. 코치와 마주 앉아 대화하지 않고서도 혼자서 당신 내면의 대화를 기록할 수 있다. 이때 '내면의 대화 체

인분석시트'를 활용하면 좋다. 본래 체인분석chain analysis은 변증
법적 행동치료DBT, Dialectical Behavioral Therapy에서 어떤 문제를 반
복시키는 연결 고리들을 분석할 때 사용됐다. 이와 유사한 원리로
내면의 대화를 연결하는 고리들을 알아차리는 데도 유용하게 사
용된다.

이제 '내면의 대화 체인분석시트' 작성 방법을 찬찬히 읽고, 서
영 씨가 작성한 예시를 참고하여 당신 내면의 대화를 분석해보자.
자극과 반응 사이의 연결 고리들을 느린 화면으로 살펴보자. 필요
한 도구는 따가운 분석이 아니라 '친절하고 따뜻한 알아차림'뿐임
을 잊지 말자.

### '내면의 대화 체인분석시트'를 작성하는 방법 ────

1. 가장 먼저 '행동 반응'을 작성한다. 최근 대화 중에서 당신의
시나리오(복종·희생·인정·결함의 타인지향 시나리오)가 언제 반복됐
는지 그 상황을 떠올려보자. 시나리오를 인식하기 어렵다면 불편
한 대화, 후회가 남는 대화를 떠올려도 좋다. 그때 당신이 무슨 말
을 하고 어떤 비언어적 반응을 보였는지 구체적으로 기록한다.

2. '촉발 사건'을 작성한다. 무슨 상황이 당신의 시나리오를 자
극했는지 생각해보자. 어떤 사건이 있었는지, 어떤 장면이 기억나

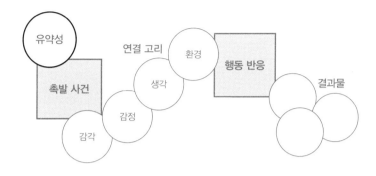

는지, 어떤 말을 들었는지 등 외부 자극들을 구체적으로 기록한다.

3. '촉발 사건'과 '행동 반응'으로 인한 '결과물'을 작성한다. 내 행동 반응이 어떤 영향을 미쳤는지 살펴본다. 먼저 내 마음은 어떠했는지, 상대의 반응은 어떠했는지, 대화를 마친 후 결과나 분위기는 어떻게 달라졌는지 기록한다.

4. '유약성'을 작성한다. 같은 자극을 받아도 사람마다 자꾸 민감하게 신경이 쓰이는 취약한 면이 있기 마련이다. 자신이 가지고 있는 민감하고 연약한 특성이 있다면 작성한다. '잠을 못 자면 예민해짐, 남성 어른과 대화하기 어려움, 타인에게 거절을 못 함' 등을 예로 들 수 있다.

5. '연결 고리'들을 찾아간다. '촉발 사건'과 '행동 반응' 사이에는 내면의 대화 과정이 있다. 그때 내가 알아차린 감각, 감정, 생각,

환경 등을 구체적으로 작성한다. '감각'에는 그때 내 몸은 어떤 변화들을 감각했는지 알아차려서 작성한다. '감정'에는 그때 나는 어떤 감정들을 느꼈는지 알아차려서 감정 단어로 표현한다. '생각'에는 그때 자동적으로 무슨 생각이 떠올랐는지 알아차려서 작성한다. '환경'에는 그때 나에게 영향을 미친 환경적 특성이 있었는지 알아차려서 작성한다. 가령 '공간이 협소함, 시간이 부족함, 불편한 제3자가 있었음' 등이다.

### 서영 씨의 '내면의 대화 체인분석시트'

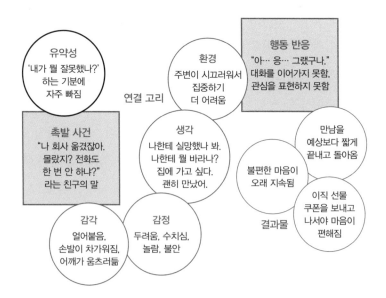

이렇게 내면의 대화를 분석하다 보면 자극과 반응 사이에 찰나의 틈새가 있다는 것을 깨닫게 된다. 우리 내면에서는 끊임없이 어떤 일이 일어나고, 그것을 관찰하는 것만으로도 자동적인 반응을 멈추게 된다는 것을 경험한다.

'내면의 대화 체인분석시트'를 가능한 한 여러 번 작성해보기를 권한다. 한두 번 작성해서는 잘 보이지 않는 패턴까지 발견할 수 없기 때문이다. 예를 들어 '아, 내가 이럴 때 자꾸 회피하는구나'라든가, '나는 자주 수치심을 느끼네. 당황스럽고 불편했을 뿐인데……'처럼 마음에서 반복적으로 일어나는 신호들은 여러 번 작성해야 구체적으로 이해할 수 있다.

서영 씨는 한 주가 지나면 체인분석시트를 여러 장 들고 왔다. 내면의 대화를 관찰하는 연습을 할수록 자기 시나리오가 작동하기 시작하는 순간의 감각을 더 빨리 알아차릴 수 있게 된다고 했다. 손발이 차가워지고 얼어붙는 감각이 느껴지면 '어, 왔구나!' 하게 된다는 것이다.

서영 씨가 자신을 덮치는 수치심을 명확하게 볼수록 그것은 몸집을 더 부풀리지 않았다. 느끼지 않으려고 도망가거나 그런 자신을 비난할 때 수치심은 더 강한 힘으로 쫓아와서 끝내 서영 씨를 붙잡고야 말았다. 그런데 거리를 두고 바라보자 수치심은 "그냥 거기에 있었어요"라고 말했다.

서영 씨는 사람들과 대화하는 중에 종종 숨이 가쁘게 느껴지면서 얼굴이 화끈거리고 집으로 도망가고 싶은 충동이 일 때가 있었다. 그럴 때면 급하게 그 불을 끄기 위해 어떤 행동들을 보였다. 예를 들면 과도하게 밝은 척하며 대화를 계속하거나, 갑자기 말수를 줄여서 사람들이 눈치를 보도록 만들기도 했다.

그러나 이제는 소화기를 들기 전에 자신에게 어떤 일이 일어나고 있는지 볼 줄 알게 됐다. 결함 시나리오가 작동해도 고개를 들어 다른 사람의 이야기를 들을 수 있다. 급하게 무엇이든 하려고 하기보다는 그 불이 사그라질 때까지 천천히 기다릴 수 있게 된 것, 자신이 할 수 있는 만큼만 대응하게 된 것은 내면의 대화 능력이 높아진 덕분이다.

자극은 바꿀 수 없다. 우리 동의 없이 별안간 어떤 이야기가 함부로 펼쳐진다. 그러나 그 이야기에 불나방처럼 달려들지, 그러지 않을지는 선택할 수 있다. 나를 자극하는 것이 무엇인지, 나의 어떤 시나리오가 그것을 향해 달려가게 하는지 알아차리기만 한다면 말이다.

불빛만 보면 무조건 반응하던 날갯짓을 멈출 수만 있으면 더 좋은 방향으로 훨훨 날아갈 수도 있다.

# 호흡으로 나의 본래 자리를 되찾는 연습

**숨쉬기에 목숨이 달린 것처럼** ─────

『너의 내면을 검색하라』를 쓴 차드 멩 탄Chade Meng Tan은 명상을 할 때 고요하고, 청명하며, 행복한 마음 상태가 조성된다고 말했다.

이것은 대화에서도 마찬가지다. 자기 비난을 멈추어 고요한 상태에 이르고, 자신에게 어떤 일이 일어나는지 맑고 깨끗한 시선으로 바라보며, 더 좋은 선택을 함으로써 대화와 관계의 만족감을 느끼는 것, 바로 그것이 우리가 원하는 상태이다.

그러기 위해서는 '알아차리는' 연습이 반드시 필요한데, 아직 어렵고 낯설게 느껴지는 당신에게는 '호흡 알아차림 훈련'을 추천하고 싶다. 소렌 고드해머Soren Gordhamer는 "호흡하면서 호흡하고 있다는 사실을 자각하라. 그것이 바로 호흡의 마음챙김이다"라고 말했다.

호흡은 마음이 산란해질 때 '지금 이곳'으로 돌아오는 데 도움을 준다. 특히 감정을 조절하도록 도와준다. 호흡을 통해 우리는 우리 자신의 자기중심성을 깨닫고 타인에게 공감하거나 연민을 느낄 수 있는 마음을 가지게 된다.

그라운딩grounding이라는 개념이 있다. 이것은 두 발을 바닥에 딛고 서서 발바닥에 집중하기를 뜻하는 것으로, 본래 강렬한 불안이나 발작 현상이 일어날 때 주의를 환기하고 마음을 진정시키는 방법으로 사용됐다고 한다. 마음챙김에서 그라운딩이란 주의가 혼란스러울 때 한곳에 다시 돌아오는 것을 말하는데, 이때 호흡이 좋은 그라운딩이 되어준다.

대화 중에 마음이 불편해지고 외부 자극에 동요하는 자신을 발견할 때 호흡은 우리를 본래 자리로 데려다준다. 이를 위해서는 평소에 호흡 훈련을 해둬야 한다.

지금 당장 할 수 있다. 의자에 편안하게 앉아서 숨을 깊게 들이쉬자. 들숨에는 배와 가슴에 공기가 들어차고 날숨에는 빠져나가는 것을 느껴보자. 자꾸 딴생각이 나면 자신만의 호흡법으로 주의를 데려오면 된다.

1, 2, 3⋯⋯ 하면서 호흡의 수를 세어볼 수도 있고 들숨에 '지

금', 날숨에 '여기'라고 이름을 붙여도 좋다. 그러는 동안에 떠오르는 감정이나 생각이 있으면 이번에도 그냥 알아차리기만 하면 된다. 호흡 알아차림을 하고 나면 주변이 훨씬 생생하고 명료하게 느껴진다.

존 카밧진 박사는 "마치 숨쉬기에 목숨이 달린 것처럼 호흡하라"라고 말했다.

바쁜 하루 중에도 종종 숨을 쉬기를 바란다. 숨 쉬고 있다는 사실을 알아차리기를.

호흡을 알아차리기 시작하면 우리가 평소에 얼마나 숨을 못 쉬고 있었는지 알게 된다. 가쁜 숨을 쉬면서 말과 말 사이, 생각과 생각 사이에 공간 없이 숨을 참고 있었다는 것도 발견할 수 있다. 그런 상태에서는 어떤 말도 편안하고 여유 있게 나오기 어렵다.

**호흡 알아차림 훈련법** ───

1. 의자에 앉아서 편안한 자세를 취한다. 등받이에 기대앉기보다는 뿌리가 단단한 나무처럼 허리를 펴고 앉자. 어깨와 목의 긴장은 풀어내고, 발바닥은 바닥에 닿는 것이 좋다. 그러나 몸의 자세를 까다롭게 점검하지는 말자. 당신만의 호흡 준비 자세를 갖추는 것으로 충분하다.

2. 이제 편안하게 눈을 감는다. 눈을 감았을 때 불안하고 불편하다면 눈을 떠서 지긋이 아래를 응시해도 좋다. 손은 허벅지에 편안하게 올려둔다.

3. 지금부터 내가 어떻게 호흡을 하고 있는지에 관심을 기울이자. 지금까지 숨은 누가 의식하지 않아도 자동적으로 들고나는 일을 반복해왔다. 이제는 다음과 같이 내 숨에 관심과 의도를 가지고 알아차리자.

'아, 내가 숨을 쉬고 있구나'라고 알아차리자.

호흡의 감각이 가장 잘 느껴지는 부위를 가만히 알아차리자.

하복부, 갈비뼈, 코로 들고나는 감각을 알아차리자.

짧게 들이마시면 '숨을 짧게 들이마시는구나'라고 알아차리자.

길게 들이마시면 '숨을 길게 들이마시는구나'라고 알아차리자.

4. 특별히 깊게 호흡하려고 애쓰지 않아도 된다. 호흡에 집중하는 사이에 혹시라도 다른 생각이 든다면 '내가 이런 생각을 하고 있다'라는 것을 알아차리고 호흡으로 돌아가서 다시 숨쉬기에 관심을 기울이면 된다. 언제든 내 주의를 친절하게 호흡으로 데려오면 된다.

5. 1분, 3분, 5분과 같이 호흡에 주의를 기울이는 시간을 조금씩

늘려보자. 호흡 알아차림 훈련이 끝나면 눈을 뜨고 주변을 둘러보자. 이 훈련을 하고 나면 어떤 느낌이 드는지, 무엇이 어떻게 달라 보이는지 생각해보자.

# 새로운 이야기를 쓰려면

**새로운 이야기 속의 사람들** ─────

말은 달라질 수 있다. 시나리오를 바꿀 수 있다면. 나를 주인공으로 두고 삶의 시나리오를 다시 만들어간 사람들은 나 자신, 그리고 타인과의 관계에 분명한 변화들을 보였다.

불편한 대화를 잘 풀어내고 싶어서 찾아온 서경 씨는 이제 말할 때 몸을 떨지 않는다. "그건 좀 힘들겠어", "어떻게 얘기해야 할지 난감하네"라는 말을 적절한 상황에서 잘 쓰게 됐다.

소희 씨는 두려워했던 선배와도 간간이 연락하며 지낸다. 예전처럼 통화를 한 이후에 밤을 새우면서 뒤척이거나 아이처럼 우는 일은 없다. 이제는 여유 있게 "제가 왜 그랬나 싶어요!"라고 말한다. 그뿐만 아니라 선배는 소희 씨를 짐짓 어려워하며 존중하는 태도를 보였다.

지현 씨는 '나를 위한 밥상'을 차리기 위해 노력했다. 그 프로젝트는 계속 진행 중이며, 현재 대학원 입학을 준비하고 있다. 늘 순위에서 밀리는 공부 시간을 확보하려고 마음의 방화벽은 여전히 사용 중이다. 아이들에게는 "엄마가 행복해지면 너희에게 더 좋은 엄마가 될 수 있거든"이라고 말해준다.

종선 씨는 마지막 코칭에 이르렀을 즈음에는 새벽에 너무 일찍 깨지 않고 잘 잤다. 그리고 잘 먹었다. 예전처럼 팀원들과 사무실 안에서 언성을 높이며 싸우는 일도 벌어지지 않았다. 팀원에게 "내가 당신을 돕고 싶어요. 당신도 나를 도와줬으면 좋겠어요"라고 말했다.

호영 씨는 직원이 회사를 그만둔다고 해도 이불을 뒤집어쓰지 않게 됐다. "같이 더 일하고 싶었는데 정말 아쉽네"라고도 말할 수 있다. 예전에는 고과 시즌이 되면 누군가 퇴사한다고 할까 봐 전전긍긍하는 증세가 심해졌는데 이제 그렇지 않다.

그들은 우리가 지금껏 얘기해온 과정들을 한 걸음씩 걸어왔다. 복종·희생·인정·결함 시나리오를 멈추고 자신의 감정·경계·시간·시야를 새롭게 하는, 불편한 노력을 멈추지 않았다. 내일 아침이면 새로운 사람이 될 수 있을 것이라는 과한 희망을 품지 않으면서, 동시에 '그런다고 사람이 변하겠어?' 하는 비아냥거림에도 넘어지지 않았다.


## 나 자신을 받아들인다는 것 ───

마지막으로 한 가지만 더 강조하고 싶다. 자기 두려움의 실체를 보게 된 소희 씨는 코칭을 마무리하면서 나에게 이런 말을 남겼다.

"제가 용기를 내서 두려움의 실체를 볼 수 있었던 것은 한 사람에게 완전하게 받아들여진다는 것을 느꼈기 때문이에요. 코치님이 그런 표정으로, 그런 말로 저를 받아들여주니까 그제야 용기가 나더라고요. 내가 어떤 사람인지 알겠더라고요."

진즉부터 소희 씨는 과거에서 벗어나고 싶어 했다. 새로운 이야기를 써나가고 싶은 충동이 들끓었다. 그러나 그럴 용기를 밖으로 끄집어낼 수 있게 해준 것은 '받아들여짐' 덕분이었다. 한 사람의 깊은 수용이 자신을 돌보도록 하고, 그것이 두려움에 맞설 심리적 체급을 만들어줬다. '강요'가 아닌 '수용'에서 가장 '나'다워질 수 있는 용기가 활짝 피어나는 것이다.

당신을 붙잡고 마지막까지 당부하고 싶은 말은 어떤 일이 있어도 당신 자신을 스스로 받아들여야 한다는 것이다. 원하지 않는 말을 반복하는 자신을, 좀처럼 달라지지 못하고 제자리걸음만 하는 자신조차 있는 그대로 받아들여야 한다.

그래야 결국, 끝내, 드디어, 마침내 당신이, 그리고 당신의 말이 변화한다.

받아들이라는 것은 도대체 무엇을 하라는 말일까? 미국의 임상 심리학 박사이자 저명한 불교 명상가인 타라 브랙Tara Brach이 자기 저서 『받아들임』에서 소개한 방법을 기억하면 좋겠다. 브랙은 그 방법을 '마라에게 차 대접하기', '예스라고 말하는 훈련'이라 부르는데, 좀 더 자세히 설명하겠다.

브랙이 자주 인용하는 붓다 이야기가 있다. 붓다가 보리수나무 아래에서 깨달음을 얻은 후 마왕인 마라는 당황하여 도망갔다. 그러나 이후로도 마라는 예기치 못한 모습으로 붓다 앞에 계속 나타났다. 붓다의 제자들은 마라의 존재에 어쩔 줄 몰라 하면서 내쫓으려 했다.

그러나 붓다는 그러지 않았다. 오히려 "마라여, 나는 너를 본다"라고 말하면서 마라의 존재를 고요하게 인정했다. 붓다는 마라에게 방석을 내주고 차를 권하며 대접했다. 그러자 마라는 잠시 앉아 있다가 돌아갔고, 그러는 사이에도 붓다는 자유롭고도 흔들리지 않았다는 이야기가 전해진다.

이 이야기를 바탕으로 브랙은 감정적인 고통에 처할 때 두려워하며 쫓아내지 말고, 대신에 "차를 대접할 수 있다"라고 조언한다. 차를 대접한다는 뜻은 고통을 나에게서 몰아내려고만 하지 말고,

붓다가 그러하듯 내 고통을 바라보면서 "무슨 일이 일어나고 있지?"라고 받아들이는 것이다.

앞으로 당신의 내면은 균형감을 되찾을 것이다. 타인의 말에 단단하고 담담하게 대응할 수 있다. 그러나 어떤 날에는 예전보다 조금도 나아지지 않았다고 느낄지 모른다. 역시 자신은 어쩔 수 없다며 한탄하는 밤도 있을 것이다.

기존 시나리오는 계속해서 당신을 원래 있던 지점으로 잡아당길 것이다. 그러나 당신은 여전히 변화하는 중이다. 자기감을 되찾는 여행을 나선 이상, 이전과 결코 같아질 수가 없다. 그런 자신을 그저 따뜻하고 친절하게 바라봐줘야 한다.

또다시 분노와 두려움을 숨기고 죄책감과 수치심으로 아플 때 사람들 사이에서 나를 잃어버린 채 누구와도 편안하게 대화하지 못하는 자신을 볼지라도 그것과 싸우지 말고 받아들이자. "지금 이런 일이 일어나고 있구나" 하면서 당신의 기존 시나리오에 차를 대접할 수 있다. 그러면 마라가 그러했듯이 과거의 고통과 상처는 곧 떠나갈 것이다.

"예스"라고 말하자. 당신이 어떤 것을 느끼든 잘못된 것은 없다. 브랙의 조언처럼 무엇을 경험하든 "예스, 예스, 예스"라고 말함으로써 당신의 마음 안에서 그 감정이 충분히 표현되어 움직이도록 인정할 수 있다. "내가 두려움을 느끼는구나. 예스, 예스, 예스", "나를 지키지 못했어. 슬퍼져. 예스, 예스, 예스"라고 말이다.

우리는 어릴 적부터 감정을 느끼고 표현하도록 지지받지 못했다. 욕구를 인정하고 충족하도록 격려받을 수 없었다. 그토록 소중한 경험을 잃어버렸기 때문에 남의 눈치를 보고, 나를 잃어버렸다. 그런 우리가 새로운 이야기를 다시 쓰려면 같은 실수를 반복하지 말아야 한다. 내 안에서 일어나는 것이라면 무엇이든 부정하지 않는 것이 먼저가 되어야 한다.

당신 안에서 일어난 모든 것에는 그럴 만한 이유가 있었다. 느낄 만했고, 원할 만했다. 그것을 기억한다면 어떤 것들이 등장한다 해도 방석을 내밀고 차를 권할 수 있다. 그것이 오래되고 냄새나는 시나리오일지라도 말이다.

부디 새로운 이야기 속에서 당신은 자유로우면 좋겠다. 남의 눈치를 보느라 제 말을 단속하지 않고, 남의 마음을 살피느라 제 마음에도 없는 말을 하지 않기를. 나 자신을 더 알아가는 데 시간을 사용하고, 더 나답게 하루를 보내기를.

그래야 말이 당신을 닮아간다. 한결 편안해진다.

# 우리는 여전히 무엇이든
# 다시 선택할 수 있다

예전에 친척 집에서 더부살이할 때 친할머니는 나에게 말했다.

"눈치껏 굴어. 네 예쁨은 너한테서 나오는 거야."

나는 오랫동안 그 말의 굴레대로 살았다. 할머니 말대로 예쁨을 받고 싶어서, 한 번이라도 눈길을 더 받고 싶어서 그랬다. 그러나 이제는 아니다. 내가 나를 볼 때 좋은지 물으며 살고 싶다. 나답게 말하면서 나를 닮은 이야기를 써나가고 싶다.

누군가에게 보여주기 위한 선택 말고, 진심으로 내가 기뻐할 수 있는 선택을 늘려갈 것이다. 내적인 경험을 위해서 더 많은 시간과 돈을 쓸 테다. 트로피를 모아서 장식장을 채우는 일 말고도 '나'를 느끼고, 감정을 쏟아내고, 자유롭게 표현할 수 있는 일들을 가까이하여 새로운 이야기를 만날 것이다.

그곳에도 두려움과 분노, 슬픔과 후회가 있겠지만 행복이든 불행이든 내가 주체인 감정이라면 피하지 않고 온전히 느끼며 살고 싶다.

이제 당신도 당신만의 이야기를 써나갈 수 있기를 진심으로 바란다. 우리는 여전히 무엇인가를 다시 선택할 수 있다는 것을 잊지 않기를.

어떤 말은 삶의 숨겨진 이야기를 들려준다

# 말의 시나리오

**초판 1쇄 발행** 2022년 6월 3일
**초판 4쇄 발행** 2022년 9월 20일

**지은이** 김윤나
**펴낸이** 민혜영
**펴낸곳** (주)카시오페아 출판사
**주소** 서울시 마포구 월드컵로 14길 56, 2층
**전화** 02-303-5580 | **팩스** 02-2179-8768
**홈페이지** www.cassiopeiabook.com | **전자우편** editor@cassiopeiabook.com
**출판등록** 2012년 12월 27일 제2014-000277호
**외주편집** 정지연 | **책임디자인** 이성희
**편집 1팀** 최유진, 오희라 | **편집 2팀** 이호빈, 이수민, 양다은
**디자인** 이성희, 최예슬 | **마케팅** 허경아, 홍수연, 이서우, 변승주

©김윤나, 2022
ISBN 979-11-6827-042-8  03190

• 잘못된 책은 구입하신 곳에서 바꿔드립니다.
• 책값은 뒤표지에 있습니다.